新教育文库·通识书系

好课程是这样炼成的

——新教育实验『研发卓越课程』操作手册

新教育研究院◎编著

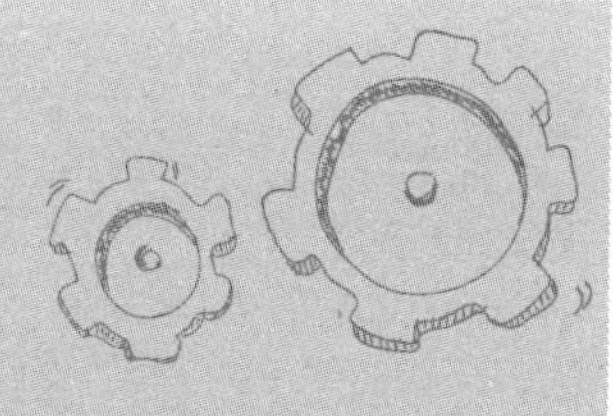

本书编委会

主　任　朱永新

副主任　许新海　卢志文　陈东强　童喜喜

主　编　张硕果

副主编　郭明晓　蓝　玫　李西西　黎志新

编　委（按拼音排序）

白　娜　常瑞霞　代昆鹏　党玲芬　付以华　高丽霞

胡　盈　梁　希　彭文学　秦　杰　秦玲娣　时朝莉

宋新菊　孙薛莉　王桂香　杨　洁

长江出版传媒｜湖北教育出版社

目录

理论篇

问答篇

案例篇

新教育文库

总序

教育实验是一项细致而长久的工程，需要通过一代人去影响另一代人，不能急于求成，不能固步自封，一定要学会等待，一定要耐得住寂寞。

新教育实验更不例外。

中国教育有许多弊端，但仅仅是怒目金刚式的斥责和鞭挞，虽然痛快却无济于事。对于中国教育而言，最需要的是行动与建设，只有行动与建设，才是真正深刻而富有颠覆性的批判与重构。

新教育实验就是寓重构于行动之中，寓批判于建设之中。

新教育要做的，就是给教师和学生一种幸福完整的教育生活，一个开阔无垠的精神视野，让他们对人的内心的复杂性有更为深切的体验，不但要了解生命的伟大和宇宙的博大，而且要感受生活的丰富与人性的丰厚。

从2000年《我的教育理想》出版，新教育思想悄然萌芽，到2014年《新教育文库》的第三版重订，此时此刻的中国大地上，2000多所学校的200多万新教育师生，正走在新教育的路上。

以追寻理想的执著精神、深入现场的田野精神、共同生活的合作精神、悲天悯人的公益精神，埋首耕耘，成就我们的人生、我们的教育、我们的民族。这就是新教育精神的本质内涵。

新教育追求高度，但永远不会高高在上；新教育培养卓越的教师，更关注普通的教师；新教育不是一个精英俱乐部，而是一个宽容开放的团队。新教育始终敞开胸怀，永远等待、拥抱理想主义者。真实的新教育，永远在田野中，在千千万万默默无闻的普通老师的教室里。

新教育人，就是这样一群有着共同梦想，遵守共同标准的志同道合者。彼此为对方的生命祝福，彼此珍惜生命中偶然的相遇，彼此郑重作出承诺，共同创造一间又一间完美的教室，共同书写一篇又一篇生命的传奇。

新教育不求无懈可击的理论体系，而是强调行动起来，在实践中思考，在实践中提升，在实践中成长。帮孩子成为自己，让我们成为自己，一个完整的幸福的自己。我们不是人类文明的创始者，但人类文明可以通过教育的伟大理想穿越时空，通过我们今天的行动变为现实。

当然，我们也知道，只有对新教育的认识从“概念”向“信念”推进，由“理想”转向“思想”引领，激发出人们深沉的情感，执著的意志，从精神世界的积淀表现为主题的自觉行动时，新教育实验才可能真正成为人生力量和教育智慧的策源地。

新教育文库，正是总结、梳理、传播新教育人的所行所思所得的一种努力。无论是经验还是教训，这一路跋涉的足迹，将成为指向明天的路标。

在这套文库中，不同书系有着不同定位：我们希望用“通识书系”积淀下新教育的根本书籍，介绍新教育的课程与项目，用“中国人阅读书目”书系梳理专业阅读研究成果，用“蒲公英书系”及时总结一线教育经验，用“萤火虫书系”全力搭建家校沟通的平台，用“领读者书系”传播阅读推广人的经验，用“阅读力译丛”和“核心知识译丛”来介绍国外阅读理论与实践……

我们并不准备用一部部书籍堆砌功名的城堡，但我们盼望这一部部心血凝成、行动书写的图书，能够成为一块块砖石，铺就一条通往彼岸的桥梁。

那么，新教育的彼岸是什么模样？

我想，彼岸是一群又一群长大的孩子，从他们身上能清晰地看到：政治是有理想的，财富是有汗水的，科学是有人性的，享乐是有道德的。

亲爱的新教育同仁，我们正在这条通往彼岸的船上。让我们同心同行，过一种幸福完整的教育生活。

行动，就有收获。

坚持，才有奇迹。

朱永新

2015 年 1 月 21 日于北京滴石斋

理论篇

LILUNPIAN

一、研发卓越课程

——2013年新教育实验年会主报告

朱永新

如果把教室比作河道的话，课程则是水流。两者相得益彰时，才会有教育的精彩涌现。有了课程的汩汩水流，田间地头也可以成为教室的延伸部分；课程的水流枯竭了，精心布置的教室也会成为禁锢生命发展的囚笼。课程的丰富性决定着生命的丰富性，课程的卓越性决定着生命的卓越性。十多年来，新教育人研发了一系列卓越课程，在课程的理论与实践方面进行了许多有益的探索。现在，我们有必要进行系统的总结与反思，言说和探讨新教育的课程论，为新教育的下一轮发展提供一个卓有成效、科学先进的课程理论的基础。这，也是本次年会的一项重要任务。

▶ 一、课程与卓越课程的概念界定

什么是课程？

很多时候我们一线教师更愿意用一种描述性的语言来表示自己对课程的理解，譬如有的新教育人可能说：

“请花木公司把学校种满花草树木，这与课程无关；让学生从种子或幼苗开始，进行种植、培育，这会成为课程的一部分。”

“请装潢公司把学校打扮得琳琅满目，贴满名人像和名言警句，这与课程无关；把一堵白墙交给孩子，却可以成为一个课程的起点。”

“校园墙角的一丛苔藓或一株蒲公英，都可能是一个卓越课程的契机。”

“朗读背诵唐诗宋词算不上新教育课程，在一组古诗词中遭遇活生生的人，古代的农人、旅人、诗人，以及今天因此而生活在古典语词温度里的我们，才是新教育课程。”

…………

当我们作这样的描述时，我们对课程与新教育课程这一概念，或许还没有透彻地把握，但其实已经有了一个先行的领会。

在我国古代，“课程”一词合用，现在可查的是唐代孔颖达在《五经正义》里注释《诗经·小雅》时所说的“教护课程，必君子监之，乃依法制”。比较接近现在“课程”意义是朱熹在《朱子全书·论学》中关于“宽著期限，紧著课程”“小立课程，大做工夫”的表述。这里的“课程”一词，显然指的是课业及其进程。

在国外，课程（Curriculum）一词是从拉丁词“Currere”派生出来的，意为“跑道”（Race-course）或“道路”（Career），也有“沿着跑道奔跑”的意思。根据这个词源，最常见的课程定义是“学习的路线”或“学习的进程”（Course of study），简称学程。英文 curriculum vitae 则不是说学校的课程，而是人生的履历了。17 世纪的教育家夸美纽斯在他的《大教学论》中，曾经要求“把一切知识教给一切人”，最早涉及课程的概念。1859 年英国教育家斯宾塞（H. Spencer）在《什么知识最有价值?》一文中也谈到了课程的问题。但是，他们都把课程理解为知识或学科。

现代意义上课程理论的出现，一般认为是以被称作“科学教育学的奠基人”“现代教育学之父”的弗里德里希·赫尔巴特的“五段教学法”为奠基、以杜威的《儿童与课程》（1902）和博比特的《课程》（1918）为标志。此后，尽管课程理论层出不穷，但是有两种理论最为流行，一种是以拉尔夫·泰勒（“现代课程理论之父”）和希尔达·塔巴为代表的线性课程观，他们认为课程是一种行动计划或一种书面文献，包括设计目标到评价目标是否实现的不同阶段。

另一种是以杜威、卡斯威尔和坎贝尔为代表的经验课程观，他们把课程理解为“儿童在教师指导下所获取的所有经验”（尤其是杜威的“经验”和“历程”（Process）两大思想和概念，深刻而深远地影响了现代教育课程理论的发展和进程），也就是说，学校里发生的所有事情，乃至校外的事情，只要是有计划的，都可以视为课程的组成部分。

从全球视域来看，这两种课程思想是全球教育课程思想和理论的主流。这两种课程思想的融合，构建了现代课程理论的基础。

而我国的新课程改革，也在很大程度上吸收了这两种教育思想和理论的成果，比如 2001 年我国颁布的《基础教育课程改革纲要（试行）》与 2002 年颁布的《教育部关于积极推进中小学评价与考试制度改革的通知》等文件，明确界定了我国教育改革发展的两类目标及其内涵——基础性发展目标和学科学习目标，而这两类目标正是以上两种教育课程思想和理论的具体化和操作化。

作为这两种观点的融合，当前作为共识的课程意义，一般是把课程理解为：为了实现学校教育目标而选择的教育内容的总和。（顾明远主编《教育大辞典》，第257页。）

我们比较喜欢课程最本初的比喻，即称课程为道路和“沿着跑道奔跑”。如果把此刻的教育作为我们教育的“起点”，那么“教育目的”就是一个终点或阶段性终点。在起点与目的地之间的这段道路和“历程”(Process)，就是我们所说的课程。

在我国，课程可以从研发的主体和类型来分类。从课程研发的主体来看，有国家课程、地方课程和学校课程三类。国家制定中小学课程发展的总体规划，确定国家课程的门类和课时，制定国家课程标准，宏观指导中小学的课程实施。在此基础上，鼓励地方开发适应本地区的地方课程，学校研发适合本校特点的校本课程。

从课程研发的类型来看，有学科课程、活动课程、综合课程和隐蔽课程四类。学科课程传统上分为工具学科（语文、数学、外语）、社会学科（思想品德、政治、历史、地理、社会等）、自然学科（自然、生物、物理、化学）和技艺学科（体育、音乐、美术、劳动技术、职业指导等）。活动课程一般分为实际操作、文艺创作、游乐表演、调查研究和交流探讨等方式。综合课程以跨学科融合为基本特征，可以分为知识本位的综合课程和社会本位的综合课程。隐蔽课程是相对上述显性课程而言，学生在学校情景中所获得的，在学校政策及课程计划中未明确规定的、非正式和无意识的经验。隐蔽课程具有隐含性、不确定性、强制性和持久性等特点。据统计，在义务教育阶段，学科课程占到总课时的近80％，而工具性学科占时超过50％。

严格地说，新教育认为的课程，不限于学校教育的范畴，而是以家庭教育为根基、学校教育为主干、社会教育为辅助、自我教育为根本的全方位全过程。而课程最本质的特点，则是教师与学生双方的生命体验。师生共同经历的课程，不是一堆知识的罗列，而是通过他们的共同生命体验，成为有德行、审美、情感和能力的人。

也就是说，小到一次治疗、一个事件，大到一个人的一生，只要我们的教育者带着明确目的，自觉地去设计和应对，它就能以课程称之。或者说，有愿景与计划，有行动与策略，有穿越的事实，有一个或好或坏的结果，这就能称之为一个课程。显然，这个意义上的课程必然是相互包含的，是相互参透的。

我们比较喜欢课程最本初的比喻，即称课程为道路和历程。如果把此刻的教育作为我们教育的“起点”，那么“教育目的”就是一个终点或阶段性终点。在起点与目的地之间的这段道路和历程，就是我们所说的课程。只是，我们强调这段道路两旁的风景，也是道路的一部分，并且是重要组成部分。

因此，这段道路的意义，绝不仅是为了抵达目的地，而是行走过程中的每一步，都指向未来（目的），同时也指向当下（风景）。从这个意义上说，当下的每一步也是目的地。不唯目的，享受过程，这正是“幸福完整的教育生活”的真正来源。

因此，如果把课程定义为知识是一个“点”，定义为道路是一条“线”，那么，新教育所说的课程，应该是一个“面”。

因此，如果把教室作为师生生命发展的重要“场”的话，那么，课程本身就是赋予师生生命成长的重要能量。课程作为生命成长的能量，通过课堂内外的叠加，学校家庭的碰撞，以各种形式互相作用，由量变而质变，最终知识与社会生活、师生生命达到共鸣而形成。

最后，一系列卓越课程使教室这个“生命场”充满活力。

所以，在我们的课程概念中，“起点”首先意味着人，意味着作为课程实施的具体对象学生，也意味着实施者自己；意味着教育要从受教育者那里开始，也意味着教师本人对于课程的理解。而“终点”，则意味着课程目的的实现程度；意味着师生生命的发展程度；意味着社会与国家诉求的落实程度。而居于二者之间的，是历程、是计划、设想、方法、途径、资源、评估、修正……这三者合起来，就是我们所说的课程。

简言之，在我们的课程意蕴中，起点处，是活生生的人，是人的问题，是人的各种可能性；终点处，还是人，是人的问题的解决，是人的幸福完整的实现。

活生生的人，并非单指学生或教师，而是师与生。从某种意义上，教师与学生是一枚硬币的两面，是两位一体：没有教师，学生的学习无从谈起；没有学生，教师的存在失去意义。教育中所有遭遇的问题，既是学生的生命难题，也是教师面临的生命难题。

新教育实验有一个项目叫“读写绘”，它所提供的课程研发模式，实验教师都非常熟悉。“读写绘”的起点是：不识字、不理解概念的入学儿童，预定的过程与终点是：可以通过聆听、绘画和讲述，能不拘字词的意义浏览，能结合说话与绘画进行有头有尾的“写作”，也就是实现整体的读与整体的写。在这个模式的指导下，一线教师研发出的许多课程，卓有成效地实现了教育目标。

但是，现实中有的老师习惯于照本宣科、亦步亦趋，有的老师则强调“用教材教而不是教教材”，鼓励学生“用教材学而不是学教材”。因此，在理解课程的概念时，我们也必须了解课程与教学这两个经常被混淆的概念。

在我国，有所谓大教学论和大课程论之说。

大教学论是比较传统的观点，把课程作为教学的一部分。这是因为，长期以来，我国实行的是高度集中的课程管理政策，基础教育的课程由国家统一制定，通过“教学计划”和“教学大纲”的政府文件形式加以规定，具有至高无上的权威性。学校教学活动只是借助“教科书”（教学内容）来落实教学计划和教学大纲而已。所以，在大教学论的框架下，课程是国家的事情，教学是教师的事情。教师只是制度性课程的执行者和阐述者，无需考虑课程的问题。

大课程论则是把教学作为课程的一部分，把教学理论包容在课程理论之中。这个倾向是从泰勒等开始把课程作为一门独立的学科研究开始的。在我国，则是伴随着新课程改革的兴起而开始。从课程目标、课程标准到课程编制、课程实施、课程评价、课程管理，教学过程只是课程的实施过程而已。

我们认为，课程与教学是两个密切相关又各有重点的概念，两者互相作用，相辅相成，无法分割。没有教学，课程只是冰冷的资料堆积；没有课程，教学会成为一盘散沙。也就是说，没有教学，是有鱼无授；没有课程，是无鱼可授，两者缺少一样，都无法产生从授之以鱼到授之以渔的深刻质变。

总之，课程让知识拥有了生命的温度。课程是一个提纲。师生与之遭遇，并将生命体验融入其中时，就将其共同丰富为文章，书写出生命传奇的不同章节。课程是一扇大门。教师牵引着学生推开这扇通向世界的大门，每扇门外都有不同的风景，等待学生的继续探寻。课程是一粒火种。教师将以微弱火种燃烧为火苗，与孩子的心灵油田发生作用，最终形成智慧的熊熊火光。课程是一场地震。师生在课堂内外的剧烈互动震碎了心灵地壳，从量变到质变，最终让生命的岩浆迸发。

什么是卓越课程？如果把课程视为以活生生的人为中心，包括起点、目的地组成的道路和历程的话，那么，所谓卓越课程，就是在其中最好地完成了课程的目的，完美地实现了人的完整幸福。

有人可能会问：为什么叫“卓越”课程？“卓越”二字如何体现？难道新教育以外的课程，比如现行的国家课程就不“卓越”了吗？

我们认为，正如新教育实验提出“让师生过一种幸福完整的教育生活”，以及“书写教师的生命传奇”“缔造完美教室”等提法一样，“研发卓越课程”也是我们的一种价值追求、一种生命朝向、一个未来期待和一个庄严承诺。虽然并不意味着我们已经实现了这个目标，或者达到了这个境界，但朝向这个目标和境界乃是我们新教育人的使命与责任。

其实，对于“卓越课程”（Curriculum for Excellence）的追求是许多教育改革共同追寻的目标，也是许多课程专家所说的“优秀课程”“好课程”的意思。2002 年，苏格兰政府曾发起了一场教育问题的全民大讨论。在这场大讨论中，人们提出了减少课程内容的混乱堆砌，增加学习的乐趣，更顺畅地衔接 3 岁至 18 岁阶段的课程等建议。2004 年 11 月，苏格兰提出了一套完整的学校现代化方案，他们就把这个方案称为“卓越课程”计划。为此，苏格兰政府还设立了“卓越课程管理委员会”，出台了《卓越课程教学指导纲要》。美国近一百年以来先后出台了多项教育改革计划，课程改革一直是其核心内容，包括著名的《普及科学——美国 2061 计划》《不让一个孩子掉队法案》，等等。

后现代主义的课程论也提出，“需要发展一套构成好课程的新的标准”，这个“好课程”就是我们说的所谓“卓越课程”，也就是小威廉姆斯·E. 多尔所说的“一种形成性的而不是预先界定性的，不确定的但却有界限的课程”。他用丰富性、回归性、关联性和严密性四个标准描述了他心目中的卓越课程。

那么，什么是新教育实验的“卓越课程”呢？

首先，卓越课程应该实现新教育实验“让师生过一种幸福完整的教育生活”的使命。强调“教育生活”，第一层含义是“教育即生活”，而且是一种最重要的生活；另一层含义是“生活也是教育”，是一种很现实的广义的教育。新教育强调教育生活，并没有把教育低俗化、侏儒化、平庸化，而是把教育当成是一种常态，像呼吸一样自然。教育生活还强调教育的当下性，它不能脱离当下的教育生活，抽象地指向一个未来的人。强调“幸福”，是强调在学习过程中的愉悦、兴奋、激动，对未来生活的憧憬和向往，不能够以牺牲师生当下的幸福感而追求所谓未来的幸福。但强调当下，却并不表示否定未来，否定终极性设计。强调“完整”，是强调学校应该让学生的身心灵得到和谐的发展，真善美得到全面的培育，学校只有成为汇聚美好事物的中心，只有给所有孩子无限的可能性，才能够实现真正的“完整”。所以，卓越课程应该服务于“幸福完整的人”这个终极的目的。任何一个新教育课程的研发，其目的应该指向“幸福完整”，而具体实施过程，也应该是幸福完整的，而不是痛楚与异化的。

过一种幸福完整的教育生活，是让每个学生都感受到自由阳光的轻轻照耀，使每个学生各取所需，各尽所能，各得其宜，都得到应有的发展；通过保证每个学生的幸福，保证每个学生给自己赋予生活意义的自由，来保证民族和社会的整体利益，这应该是新教育的理想追求。

其次，卓越课程应该尊重学生的身心发展规律，以学生的生命发展为本位。相对学生而言，教师是成熟的生命个体，每个课程最后的实施都会打着教师个人烙印的诠释。从课程学习的角度来看，教育者自觉地以学生的生命发展为本位，首先意味着尊重学生身心发展的内在规律。这方面，皮亚杰的发生认识论和维果茨基的最近发展区理论做了许多有意义的探索。皮亚杰强调课程的可接受性，主张通过课程让儿童在每一个阶段都能够得到实实在在的发展，由形象的具体运算，发展到抽象的形式运算。维果茨基则强调挑战学生的现有认知发展水平，帮助他们由生活概念发展到科学概念。所以，卓越课程应该最大限度地吻合各阶段儿童的身心发展特点，最大限度地开拓学生身心发展的最近发展区，最大限度地满足学生生命成长的需要。

再次，卓越课程应该经历浪漫、精确、综合三个阶段。怀特海的过程教育哲学认为，人类认知包括浪漫、精确、综合这三个循环往复、相互包涵的阶段。浪漫，就是兴发感动，就是生命面对事物的“初感觉”：困惑、好奇、美的冲击等。这种“感觉”对于最初的学习具有特别的意义，没有这种“感觉”，学习就难以为继，勉强用纪律等强制手段维持的学习，将破坏学习的美好，精确学习就会缺乏一个浪漫丰富的背景。精确，就是条分缕析，举一反三，使浪漫阶段掌握的内容更为精确，通过“对事实的详细分析”，使第一阶段的认识具体化、系统化。综合，就是摆脱细节，进入自由，脱离知识的细节而积极运用原理，脱离被动的状态而进入主动应用知识的状态。卓越课程必然同时既是全方位的，又是局部精确的。我们没有办法也没有必要穷尽一切知识，但是需要具体某个课程的深透。

凡完整地做过“农历的天空下”的老师都知道，一年的穿越，孩子们的生命事实上都发生了根本性的变化，他们变得细腻起来、雅致起来，对语言和生活，乃至对万物都变得敏感起来。所以，在有限的教育时间里，经历浪漫、精确、综合三个阶段，尽可能做到“少而透”，是卓越课程的重要特征。

第四，卓越课程应该充满惊奇，触及灵魂，生命在场。博尔诺夫的教育人类学认为，“遭遇”在教育中具有特别的意义。本质上来说，教育无非就是一种相遇。与学生相遇，与文本相遇，与一种知识、一种解读、一种情感、一种思想猝然相遇。但每一种相遇，都应该是人与知识的相遇，人与人的相遇，应该是一个深刻的事件，而不应该是平淡无奇的故事。卓越课程，不应该是一个资料堆砌的简单拼凑，而首先应该理解为一个心灵事件、一次冲击或一系列的冲击。也许新教育实验外或处于新教育课程实施初级阶段的老师很难理解这个说法，可是深入到课程中的老师们对这一点却是深有体会的。一首晨诵的诗歌，在许多新教育教室里乃是一个事件，一本伟大童书的共读，或一场精心酝酿的生命叙事剧，就自然更是一系列扣人心弦的事件，是一系列与美好事物，与自我内在灵魂的深刻遭遇。所以，遭遇惊奇，触及灵魂，生命在场，是卓越课程的重要特征。

第五，卓越课程应该实现知识与生活、生命的深刻共鸣。在最好的状态下，精确规划的课程应该与随机出现的教育问题紧密结合，成为一种生活方式或文化范式。新教育学校和新教育教室，应该拥有一种德性充沛、情意充沛的教育生活，课程与课程之间是彼此交织、互相渗透的，而不是用一个个补丁性课程来试图拼凑出一间教室的教育生活，以及儿童健康向上的整体人格。所以，卓越课程应该具有半隐蔽性，应该符合海明威的冰山论：“冰山运动之雄伟壮观，是因为它只有八分之一在水面上。”卓越课程在水面下的八分之七，是教师与学生以生活经验和生命体验对课程的补充。卓越课程不仅体现在学生最终的成长上，同时尤其体现在教师不断将个体生命体验融入课程之中，通过自身成长至成熟，而使得课程从资源的组织到实施都能达到成熟，并由此在这个过程中获得新的成功体验。

因此，新教育的卓越课程强调的是两者：课程内容的当时、当地，将知识、经验变为体验和历程；教者的入境、入情、入理，将体验变为生命的碰撞，师生彼此的启迪，从而教学相长。学生的生活经验和生命体验被不断丰富、不停激发，最终得到真正的成长；教师的生命体验不断被回顾、被丰盈，最终实现真正的超越，这正是师生以穿越课程来共同书写传奇的新教育生命叙事。

▶ 二、新教育卓越课程的目标追求

虽然理论的意义总是被我们忘却，我们日常教育活动的一切，背后始终都有理论的影子。正如霍普金斯（L. Thomas Hopkins）在分析哲学对于课程的重要性时所提到的那样：当中学教师给学生布置了他们花六个小时都无法完成的家庭作业时，尽管教师没有意识到，实际上他们是在实践自己的哲学观；当小学老师让学生放弃学习地理而去学数学时，他（她）也是因为作出了价值选择而在实践自己的哲学观。（《课程：基础、原理和问题》第 36 页。）

教育目的，在研发卓越课程中是第一位的。研发卓越课程，首先面对的一个重要问题，就是我们研发课程的目的是什么？我们想实现什么目标？

从课程论的角度来看，有一个完整的目标体系。这就是奥恩斯坦等在《课程：基础、原理和问题》中提出的目标顺序：

哲学观——目的——目标——具体目标。

目的是一个总的表述，为指向某种未来的结果或行为的具体行动提供框架和方向。目的是在哲学观即价值判断的基础上提出的，所以往往比较宏观，而且充分反映国家的意志，一般由国家通过法律法规或者行政性文件来规定。

目标是目的的具体化，是对蕴含在脑海里的目的的结果的陈述。如教育目的提出培养具有世界意识的公民，学校往往并没有一个特定的计划可以直接实现这个目的，这时教育目标就要相应具体化，就要组织课程让学生“认识到世界上存在着不同的国家，它们在世界大家庭中扮演着不同的角色”，要学会尊重不同文化背景的人，等等。

具体目标是目标的进一步具体化，具体目标往往是可以描述、操作和评价的目标。具体目标可以分为三个层次：一是课程计划的具体目标，提出的是各门学科（如科学或数学）在各个年级水平要达到的具体目标；二是具体课程（如生物或代数）要达到的目标；三是课堂具体目标，主要通过单元和单课计划的具体目标。

大到一个国家的课程改革，小到一位教师的课程研发，如果没有正确的教育哲学指导，没有明确的教育目标，难以真正取得成功。

从上可见，课程从其实质而言，它或许诞生于某一个教师或专业研发人员之手，但仍然不是一个简单的学校或者教师的行为。它受教育目的与教育目标的制约，在一定的教育哲学引领下构建。

我们不妨先回顾古今中外的教育，看看它和我们今天的教育目的有多大的相似性与差异性。

所谓“成人之美”，本意是指成全别人的好事。孔子《论语·颜渊》记载：“君子成人之美，不成人之恶。”不过在中国古代，“成人”具有名词和动词的双重意义。名词意义上的成人，是指德才兼备的成熟的人，类似于英文的 perfect man；宋代陈亮在《甲辰秋答朱元晦秘书》所说：“故亮以为学者，学为成人，而儒者亦一门户中之大者耳。”以及明代李贽在《答周西岩书》所言：“且既自谓不能成佛矣，亦可自谓此生不能成人乎?”都是这个意思。所以，“成人”的境界，一直是儒家的追求。动词意义上的成人，则是指成就人的过程。因此，我们不妨借用这个成语，引申为用那些美好的教育（六艺）来培养优秀的人才（成人）。

在《论语》中，子路问孔子，怎样可以成人呢？孔子就说：“若臧武仲之知，公绰之不欲，卞庄子之勇，冉求之艺，文之以礼乐，亦可以为成人矣。”这里的“成人”，就是成为一个真正的人。孔子认为，这样的人是有知识与智慧、且不被欲望所左右的，是有羞耻之心而不辱使命的，是有实际的处世办事的能力的，拥有了这些，还要能够与社会和谐相处（礼），有极高的审美情趣（乐），这样就算得上真正的“成人”了。孔子用“六艺”来实现这样的教育目的，即礼（礼节）、乐（音乐）、射（射箭）、驭（驾车）、书（书画）、术（算术）。所以，从另外一个维度讲，“成人”就是要通过一段过程的学习来拥有这六种基本才能。这六种技艺切身性和存在感很强，和社会生活密切相关，是为活泼泼的生活而设计的，而不是抽象地去掌握生命以外的东西。

远观国外三大教育思想家，从柏拉图、卢梭到杜威，他们则分别侧重强调着人的成才、成长与传承，而当代教育的三大功能也正由此诞生。

我们也不妨考察一下苏格兰卓越课程计划中的目标与课程。在这次改革中，苏格兰明确提出了把学生培养成为“成功的学习者、自信的个体、负责任的公民和社会的积极贡献者”的总体目标。为了实现这个目标，“卓越课程”将包括“表达艺术”（从能跟随音乐牙牙学语，到掌握声乐、乐器并能自信地在人前表演，以及艺术与设计、舞蹈、戏剧和音乐等）、

“科学”（包括地理、物理、化学及当下的科学话题如食品、卫生、气候、能源等）“技术”（包括技术与社会发展，信息通讯技术，技术发展的商业背景，技术发展的计算机基础，食品与纺织技术与常识，工艺、设计、工程及制图等）、“数学”（数字、货币和测量，形状、位置和运动，数据处理、个人财务管理等）、“语言”（希腊语、拉丁语等古典语言，现代外语、盖尔语和英语）、“社会研究”（人与历史、社会，人与地域、环境，人与经济、商业，公民、创业及经营意识等）、“健康与幸福”（精神、情感、社会性及心理健康；学会负责任地作出选择和改变；掌握体育常识和运动技能；了解食物与健康的关系；防止酒精、毒品等物品滥用；性健康和亲子关系等）、“宗教与道德教育”等。

不难看出，这里八个领域的课程内容，与孔子的“六艺”，虽然时空距离如此遥远，但在精神气息上，还是有某些相通之处的。

通过回顾，我们可能会惊讶地发现：今天我们的教育目标，在相当程度上仍然可以用“成人”概括——成为一个真正的人。只是“成人”的具体内涵，可能会有所改变，侧重其中的某些因素以应对时代的特殊要求。

是不是“成人”会有一个普世的结构，即人类所有成熟的社会进行自我复制时，会带有一个恒定的普遍结构，而不是每个文化有着各自完全不同的结构？是不是课程框架也同样有类似的普遍结构？我们相信确实如此。教育目的的逻辑结构和课程结构，都具有某种人类社会的恒定性，只是具体的课程知识总具有时代性。课程内容总是即时的，也就是它必须具有现场性。哪怕同样是背诵《弟子规》，身在清朝的学生，与我们今天是意义、形态都完全不同的课程。

当然，说教育目的和课程框架具有某种人类的稳定性，并不是认为教育目的和课程没有高下之分、错对之别。事实上，任何一种表述总是历史中的表述：它既受一个社会在经济、文化等方面的制约，也受提出教育目的和课程框架的个人或团体的自身视野的局限。一个社会或个体（团体）背后的世界观，将影响着教育目的和课程系统，使结构相似的教育目的和课程框架有着迥然有别的表述以及实施。

理解这一点，就能够帮我们更好地辨析历史上各不相同的教育理论和教育形态，并在此基础上，提出自己的教育目的和课程系统。

新教育实验的目的和课程研发的目的，就是让所有实验的参与者（师生，亲子，研究者）过一种幸福完整的教育生活。这是置身当下的我们这一群人的表述，它受惠于历史，受制于时代，更受制于我们这群人的自身视野。强调“教育生活”，是强调教育的当下性，它不能脱离当下的教育生活，抽象地指向一个未来的人。但强调当下，却并不表示否定未来，否定终极性设计。

新教育实验的“幸福完整”具备一种悖论意义：一方面，“幸福完整”不是一个外在划定的标准，而是生命本质上永无止境的自我修炼，所以它具有永不可企及终点的终极性；另一方面，只要我们对抗异化，致力于保全生命的完整性，在我们走在“幸福完整”的道路上时，就已经企及、当下达成了“幸福完整”。

所以，我们研发课程，在课程目的上将受制于“幸福完整的人”这个终极目的，而在具体实施上，则受制于“幸福完整的教育生活”这个当下的尺度。

三、新教育卓越课程的理论基础

以 2001 年教育部印发《基础教育课程改革纲要（试行）》为标志，我国开始了一场轰轰烈烈的教育改革。新课程改革一开始就明确提出了六个改变，即改变课程过于注重知识传授的倾向，改变课程结构过于强调学科本位、科目过多和缺乏整合的现状，改变课程内容“难、繁、偏、旧”和过于注重书本知识的现状，改变课程实施过于强调接受学习、死记硬背、机械训练的现状，改变课程评价过分强调甄别与选拔的功能，改变课程管理过于集中的状况。由于各级政府自上而下大力推动，社会各界广泛参与，这场以构建“新的基础教育课程体系”为根本目的的教育改革（被简称为“新课程改革”），成为 21 世纪中国基础教育领域备受关注的重大事件。

新课程改革是在新的课程观指导下进行的。它包括以下几个方面的内涵：儿童是课程的主体；“生活世界”是课程内容的范围；课程是儿童通过反思性、创造性实践而建构人生意义的活动；课程的学习活动方式以理解、体验、反思、探究和创造为根本；教师和学生不是课程的简单执行者，而是课程的创生者。

“新课程改革”历经 10 多年，积累了不少经验和教训，在相当程度上拓展了一线教师、中小学校长、教育行政人员以及教育理论工作者的课程视域和教育思维，完全可以将其视为一场以普及课程知识和唤醒课程意识为主旨的教育启蒙运动。其实，这也同样是为我们研发卓越课程奠定了良好的理论和实践基础。

有一句话大家非常熟悉但可能总是被误解和误用："理论是灰色的，生活之树常青。"事实上，这句话并不是否定理论的重要性，而是强调生活的完整性是任何一种理论所不能全部包含的。理论只是解决某一方面的问题，而不可能解决生活与生命的全部问题。理论总是指出生活的内部有着怎样的某种规律，但却无法指明生活本身。也因为这个原因，新教育实验重视理论学习和理论研究，但更强调：教育即生活；反思的教育生活即教育实验本身。

新教育实验研发卓越课程的理论与实践，正是在认真研读已有的各类课改文本，主动遵循《基础教育课程改革纲要（试行）》和教育部颁布的各学科课程标准，自觉借鉴新课程的学习观、教师观、评价观等相关成果的基础上进行的。在一定意义上也可以说，两者在理论和实践探索方面存在着很多交叉和互补。当然，以新教育理念和思想为指导，以多元智能、认知建构、教育目标分类三大理论为基础，以脑科学、心理学、认知学等理论为依据，我们也在努力建构新教育课程的理论模型。

由我们研发卓越课程的实践来看，新教育的五大理念，是对于"幸福完整"的具体阐释，也是课程研发必须遵循的原则。这就是：（1）无限地相信学生和老师的潜力；（2）教给学生一生有用的东西；（3）重视精神状态，创造成功体验；（4）强调个性的发展，注重特色的教育；（5）让师生和人类的崇高精神对话。这五大理念将在每一个卓越课程的完成中，经历浪漫、精确、综合三个阶段，并且这三个阶段循环往复、相互包含。

如整个小学的晨诵是个完整的浪漫、精确、综合循环；小学阶段晨诵之中的"农历的天空下——古诗词吟诵"也是一个完整的浪漫、精确、综合循环；"农历的天空下——古诗词吟诵"里面的百花课程或落花课程，又都各自是一个独立的浪漫、精确、综合的循环；每一首诗，即每一个晨诵，又独立地拥有自己的浪漫、精确、综合这三个完整的阶段。

从研发课程的心理学规则上，我们认为，逾越学生身心发展的课程，往往事倍功半，甚至在某种意义上还会适得其反——因为一个好课程的目的不在于接受已有知识，而在于重现知识被创生的特殊时刻；而当儿童的身心没有发展到一定的阶段，这样的目标就成了不可企及的梦想。我们小心翼翼地探索着课程的可接受性，避免脱离儿童身心发展的形式主义课程。与此同时，是教育促进了身心发展，我们不可能等到儿童准备好了再进行教育，恰恰要通过教育，才能让孩子准备好。我们如此探索着课程的积极面，课程所能触及的最远端。

课程的精彩不取决于外在的尺度，而取决于它对于具体生命、具体身心发展的促进幅度。我们评判一个课程的研发是否成功，一个课程是否卓越，我们就要同时问这两个问题：其一，它多大程度地开拓了学生身心发展的最近发展区？其二，它多大程度地吻合各阶段儿童的身心发展特点？这些强调的都是一个学生作为发展主体的内在历程。也就是说，研发卓越课程的主体固然是教师，但是课程的主体始终是学生，而且是内在的学生，是学生头脑中发生的变化。我们讨论研发卓越课程，如果没有深入地涉及儿童头脑中的微妙变化，那么我们就还只在外面的形式上打转转。

近年来，脑科学有了长足的进步，基于脑科学的认知心理学，为我们重新诠释人的认知，乃至整个人格的发展提供了新的理论工具，展示出解释和实践的新的可能性。但是，大脑对于人类来说依然是一个“黑匣子”，脑科学本身还只是一门发展中的有待成熟的学科，但就目前我们掌握的情况来看，或者可以暂时下这样的结论：脑科学的研究结果，在相当大程度上印证着我们的理论。我们也认为，所有哲学都能理解为活生生的教育理论，全部心理学、社会学理论，也在解读着教育的成因。

总而言之，就研发卓越课程而言，我们强调课程研发是一种活生生的教育生活，但从来也没有忽视理论的作用。相反，我们清醒地认识到，没有对人类优秀教育理论遗产的整体性认知和透彻性把握，新教育是走不远的。

我们从本世纪初开始的新课程改革理论与实践的探索中汲取养分，而柏拉图、卢梭、杜威、皮亚杰、维果茨基、怀特海等思想家、教育家，都有着类似的表述。我们更认为，不仅所有我们涉猎过的理论，都在构成我们的认知图式、形成我们的世界观，或直接或间接地影响着我们的课程研发，那些我们涉猎不多、但影响广泛的理论，如建构主义、解构主义、存在主义、社会批判理论、交往对话理论、后现代理论，等等，它们深刻地影响了上一世纪，并继续影响着今天人类思想，也都如蝴蝶效应一般，在我们的课程研发中必然地有所渗透。

但是，我们永远牢记：理论是单色的。生活与生命，才具备包涵一切色调的完整性。知行合一。回到生活中去，在生活中创造，这是我们力图汲取一切理论，最终超越于任何单个理论的最重要原则。

▶ 四、 新教育卓越课程的体系构架

不同的教育理论流派和不同的课程改革理论，都会对自己的课程体系提出构想并且付诸实施。

如前面提到的苏格兰的八个领域的课程内容就是如此。其中“技术”课程的学习，就是要努力使学生理解不断发展的科学技术在社会中的影响和作用；运用技术改善自己和他人的生活，保护环境；获得技能和信心，能在家庭内外运用科学技术；具备判断科技产品和服务的价值与作用的能力，成为信息化的消费者和生产者；能就环境、可持续发展、道德、经济和文化等问题作出合理的选择；理解信息通讯技术对苏格兰地区乃至全球的作用；发展科技思维，认识工程技术的本质以及技术与科学之间的联系；体验与工作相关的学习，为终身学习、专门研究及未来职业打下坚实的基础。而“健康与幸福”课程的学习，则应使学生从中获得信心、独立思考能力、积极的态度和性格。同时，能够体验挑战和快乐；体验自己健康生活和活动的积极方面；运用在智力、情绪情感、社会和生理方面获得的技能追求健康的生活方式；成功地过渡到教育的下一阶段；养成终身受益的健康生活习惯，推动下一代的健康与幸福。

华德福的课程体系也颇具特点。在《做适合人的教育》一书中，我们看到了华德福教学大纲涉及的课程是非常具体而微的，如“水彩画和绘画”“形线画”“语文”“文学”“宗教”“本地情况研究”“历史”“地理”“数学”“外语”“现代语言”（英语学校中的德语和法语）、“古典语言”（希腊语和拉丁语）、“科学和自然知识”“优美诗律”“音乐”“艺术”“手工”“体育”“勃斯麦体操”“木工”“园艺”“速记”“测绘”“急救”“技术”，等等。这些课程的安排体现了斯坦纳关于人的发展的基本假设。他认为，人类活动的三个主要领域反映在童年的三个年龄阶段中，差不多每个阶段为七年的时间。其中第一阶段的假设：世界是善的；第二阶段的假设：世界是美的；第三阶段的假设：世界是真的。所以，在不同的阶段，道德教育、艺术教育和科学教育应该各有侧重。

新课程的课程框架体系也有不同侧重。小学阶段以综合课程为主。低年级开设品德与生活、语文、数学、体育、艺术（或音乐、美术）等课程；中高年级开设品德与社会、语文、数学、科学、外语、综合实践活动、体育、艺术（或音乐、美术）等课程。初中阶段设置分科与综合相结合的课程，主要包括思想品德、语文、数学、外语、科学（或物理、化

学、生物）、历史与社会（或历史、地理）、体育与健康、艺术（或音乐、美术）以及综合实践活动。高中课程与初中类似，以分科课程为主。在开设必修课的同时，设置丰富多样的选修课程，开设技术类课程。从小学至高中设置综合实践活动，内容主要包括：信息技术教育、研究性学习、社区服务与社会实践以及劳动与技术教育。如果把这些课程分类的话，主要包括思想品德、体育、艺术、智力（学科）、技术五大类型。

新教育卓越课程应该具有怎样的体系架构呢？我们认为，以生命的幸福完整为终极目的和当下尺度，以哲学、心理学、教育学、社会学及相关学科理论为潜在的理论工具，以活生生的人为中心，新教育实验在这三个维度的空间里，可以建构起自己卓越课程的体系构架。

我们可以把新教育的卓越课程体系做这样的设计：以生命课程为基础，以公民课程（善）、艺术课程（美）、智识课程（真）作为主干，并以“特色课程”（个性）作为必要补充。

新教育的生命课程，我们将其命名为“新生命教育”，这是一门综合性课程，其目的在于引导学习者认识生命、欣赏生命、尊重生命，进而不断超越，把握生命发展的无限可能性。

新教育实验一直关注生命教育的问题。早在2005年，新教育的老师就开设了《生命课》，翻译引进了国外的相关教材进行解剖研究，组织了生命教育的全国研讨会，在教育在线网站开设了新生命教育专题等。

新生命教育类似又超越美国的《Health and Wellness》（健康与幸福）课程，它将高度整合现有的中小学课程教育资源，将体育、生理健康教育、心理健康教育、性教育、防艾教育、毒品预防教育、安全教育、环保教育以及国际理解教育等予以整合，用生命教育的线索来贯穿。同时对青少年的心理问题、青春期困惑、逃逸、自杀等危机状况提供咨询服务、指导和救助。

新生命教育应当有三级目标，那就是：珍惜生命、热爱生活、成就人生。从基础到顶端的关键词，应该分别是健康、安全、营养；舒展、健壮、规则；礼仪与美。

健康、安全与营养的课程，要求我们把操场、食堂、宿舍、医务室都优先地加以考虑，并视为新生命课程的重要组成部分。舒展、健壮与规则，要求我们从另一个维度来审视我们的体育，包括体育课、大课间、课外活动等。如果仅仅把“每天运动一小时”狭隘地理解为一个运动的时间量，这显然是不够的。舒展强调的是生命节奏中身体的节奏，儿童的身心应该获得足够的舒展。在这个意义上，每天运动一小时就首先应该依据生命节奏，提供学生舒展身体的机会——这对小学低年段的儿童来说尤为重要。舒展、健壮和规则这三条，我们提倡以舒展为先，当然并不表示否定健壮与规则，而是说，这三者的关系中，舒展最容易被忽略，但它恰恰是最本质的。体育中的队列和体操以及各种球类运动，则是关乎身体的节律与规则，它们也是生命课程必要的组成部分。如果说舒展是浪漫，那么这就是精确，而达乎礼仪与美，就是最高的综合。身体的礼仪与美，在中国有着悠久的传统，《论语》中有整整一章详细记录了孔子身体的礼仪与美——姿态的美妙，这一点显然没有被很好地理解与诠释。

如果说生命课程主要是解决个体的健康与幸福问题的话，那么，公民课程则是解决作为一个社会人的权利、责任与义务问题。公民课程的目标是培养遵守社会公共道德，认同、理解、遵守与维护共和国宪法，关心及参与公共事务，具有独立思考与敢于承担责任，对民族的传统和文化有归属感的现代公民。包括公民道德、公民价值观、公民知识和公民参与技能四个方面的内容。公民道德方面，包括仁爱、宽容、感恩、友谊、尚礼、诚信、责任、尊严、合作等主题；公民价值观方面，包括自由、平等、人权、民主、法治、正义、和平、爱国、追求真理、与自然和谐共处等主题；公民知识方面，包括国家与政府、民主政治、政党制度、司法公正、社会公共生活、公民的权利与责任等主题；公民参与技能主要是指公民参与公共生活的基本能力，如与人沟通、演讲、讨论、组织活动、参与选举、处理纠纷、维护权益、向责任部门或媒体反映问题和提出建议等主题。

另外，我们研制的道德发展六阶段图谱，和引入的马斯洛的需要层次图，在公民课程的道德教育系统中起到提纲挈领的作用。需要层次是一个上行图，道德发展图谱严格来讲是一个下行图，因为我们是以终极道德作为指引来引领我们当前的行为的。需要层次的低级需要严格意义上是应该首先被满足的，而道德发展图谱中的低级阶段，则是需要被超越的。

这两个纲领，也可以理解为一个是消极的心理学限制，一个是积极的哲学或伦理学指引。在这两个纲领的指引下，新教育的公民教育课程系统除了日常的暮省、班会课，以及渗透到整本书共读和生命叙事剧、电影课中以外，还应该把我们的仪式文化、生日文化、独特的期末庆典都纳入其间。当然，我们经常听到的情商课程、死亡课程、幸福课程等，都应该隶属于此，但我们把这类课程理解为治疗性或矫正性的课程，即它不是预先写在大纲中的课程计划，而是一种“程序性设定”，即在出现相关问题时，我们将启动相关的课程——如果没有现成的相关课程，我们就要依据新教育的理念和理论，来临时研制。

在公民教育方面，我们也曾经进行过一些有益的探索。早在 2005 年，我们就召开了以“新德育、新公民”为研讨主题的成都年会，并且编辑出版了 8 册从小学到高中的《新公民读本》教材。这套教材被称为“1949 年新中国成立以来，第一套针对中小学生的完整意义上的公民教育读本”。

艺术教育在新教育的卓越课程体系中占有十分重要的位置。正如斯坦纳曾经说过的那样，“艺术是智力、认知和构思能力的重要唤醒者”。那些没有学会以美的方式散步的人，那些不会通过美来捕捉真理的人，“将永远达不到成年人的充分的成熟”。艺术，是无用之大用，它能唤醒人的潜力，有如唤醒睡美人的那个吻。

无论在欧洲古典时期还是中国古代社会，我们都可以看到，一个博学的人往往首先是审美的人、艺术的人。艺术，在完整的人的教育中，同时起着浪漫与综合的作用。新教育的艺术课程，绝不是简单地学一门两门乐器，更不是乐器的考级与加分。艺术应该成为新教育的本质，它应该渗透在教育的所有地方，尤其是在所有课程的起点与终点处。

在小学阶段，艺术教育更加具有独特的不可替代的作用，“整个教学应当受到艺术的激发和带动”。从每天早晨的晨诵开始，到每学期的生命叙事剧课程，每一所新教育的学校都应该具有浓郁的艺术氛围。在罕台新教育实验小学，艺术已经成为学校的一种生活气息，师生在课间、在黎明之前、在黄昏来临之际、在节假日，无不弹琴抚笛，相和而歌，从而让每天充实的学习生活不显得拥挤，而时时有闲暇的意味。哪怕学期考试的阶段，艺术仍然是罕台的主旋律。

艺术能够让机械枯燥的生活变得轻松、美好，把被课表分割的生活重新连缀为一个和谐的整体，让生命在高强度的学习过程中，并不显得紧张与忙碌，而仍然拥有从容与优雅。艺术不仅仅是机械枯燥生活的润滑剂，更是被课表割裂的教育生活的黏合剂，把其连缀为一个和谐的整体。

事实上，任何学科都并非枯燥的知识，而是解读世界的一种工具、一门技艺，古人所说的熟能生巧，正是由技而艺的过程。因此，从某种意义上说，艺术教育的理念必须渗透到新教育生活的所有时刻、所有地方、所有课程。艺术课程是新教育课程中有待开发的重要组成部分。关于艺术教育的话题，我们将在明年的年会上作为重点研讨的主题来加以展开。

“智识课程”，类似于通常所说的文理课程，主要包括语文、数学、外语、科学（或物理、化学、生物）、历史与社会（或历史、地理）等，这是新教育卓越课程的主干部分。之所以不用文理课程或智力课程的概念，是因为“智识”更能够准确表达我们对于课程本质的思考。因为，课程的根本目的不是传授知识，而是形成用以统领知识的智慧和运用知识的能力。但这个过程又是通过“知识”为媒介的。我们说让知识拥有温度，就是从知识走向智识，走向智慧。

智识课程的实施有其特殊的规律。“知性”的培养与“德性”（公民课程）、“灵性”（艺术课程）的培养，有着不同的特点。许多学校曾经错误地用讲授和考试的方式来实施国家规定的绝大多数课程，这使得道德、情感，甚至艺术和体育，都变相为一种“智育”：传授某方面的知识，而不是以某种方式生活。但一个可以出试卷考试，然后评定得分的“公民课”或“思想品德课”“艺术课”或“美术课”“音乐课”，是有违教育的基本规律的。

在这里，我们必须明确一个关系，即新课程是国家意志的体现，新课标是国家标准，不同的地方和学校，可以有不同的课程内容，有不同的课程实施方式，但是作为尺度的课程标准，是必须遵循和落实的。

因此我们也许可以这样理解新教育智识课程和新课程的关系：新课程（以课程标准为核心）是国家标准，我们新教育所做的，是依据自己的理念和理解进行具体的落实；在落实过程中，我们会尽最大努力开放性地对一切资源加以整合，对所有现成的理论和实践进行修正和弥补。也就是说，新教育，至少在智育上，应该成为新课程的执行者。其次，因为课程标准是个原则性与纲领性条款，而不是具体的课程，所以我们还必须同时成为具体课程的研发者和修正者——说修正者，是因为地方教育部门往往选择了具体的课程内容来达成新课程标准，而新教育可以依据此资源，再进行深度的开发，使之更完美地达成国家标准。

所以，新教育的智识课程，应该完成两个重要任务：一是成为课程的卓越的二度开发者，或卓越的执行者，在指定的课程内容中实现理想课堂的三重境界；二是在执行规定课程内容的同时，开发弥补性的课程——无论是为弥补浪漫的苏霍姆林斯基称之为第二套大纲的课外知识，还是个人依据对学科的理解，增加自己认为必不可少的经典性知识，《农历的天空下——中国古诗词之旅》就属于这类课程。

当然，假如条件许可，学校或个人也可以完全地创制自己的智识课程：用自己的教材，实现国家的课程标准，并符合地方教育部门的要求，经得起相关部门的检验。

所谓课程，其实在根本上不能等同于教材。同样的一册教材，在两个不同的教师那里，就会拥有完全不同的课程：一位老师，可能带着由衷的赞美去上《一夜的工作》《一面五星红旗》；另一位老师则可能正好相反，是带着批评的观点或批判性思维来解读这些文本，并把这种解构带进课程；而第三位老师还可能是把这些文本当成与价值无涉的载体，只用它来完成字词语法的训练。

所以，智识课程的研发，一不能理解为编选校本或班本的教材，二不能作这样的理解：因为我们的教材是规定的，所以我们不可能研发卓越课程。

依据我们的理解，任何层面提供的教材都只是课程的资源，而最后呈现的课程所涉及的一定不会限于这个资源。也就是说，无论上级为我们提供了怎样的教材资源，我们才是课程真正的创制者。因为教材不直接就是课程，所以在道理上，几乎所有的教材资源，都有可能创制出卓越的课程。同样，最完美的教材资源也极可能因为老师的不成熟，而变成事实上非常糟糕的课程。

我们作这样的强调，并不是说研制优质教材不重要，事实上，在另外一个维度上，我们会无限强调其重要性，因为只有最好的课程资源（包括教材、解读、辅助材料，甚至多媒体资源包），才能让老师减轻工作压力，用同样的力量，创造出更好的课程。

以上生命课程、公民课程、艺术课程和智识课程，基本上已经涵盖了新教育过一种幸福完整的教育生活和成为一个幸福完整的自由人的主要范围。在实际的教育过程中，作为基础的生命教育应该贯穿始终，而在幼儿时期、小学时期和中学时期，可以有相应的侧重点，按照人的身心发展的内在规律，进行善的教育（公民课程）、美的教育（艺术课程）和真的教育（智识课程）。

其实，这个体系构架与几十年前的国家课程、新课程改革后的国家课程、世界上大部分国家的课程，仍然极为相似。人、教育、人类社会的同一性与继承性，远比革命性与差异性要大得多。在课程研发上，教师若仅仅为了与众不同而一定要与众不同，就是把学生的生命当成了自己的试验品，而不是为探索更幸福生活而实验。

也就是说，我们固然是教育的改革者，但是改革总得在一个既定的公共课程框架中边探索边修正。公共课程框架、公共的课程资源，作为一种制度性安排，既具有强制性，也是在自己的教室里创制卓越课程所必需的基础。不是所有的课程都要自己开发，这不仅不现实，而且一般来说是要出问题的。研发卓越课程，在相当程度上，首先是要担当一个既定课程标准和课程框架的执行者。我们不必担心丧失自己，因为我们已经优先地，同时也是宿命性地成为课程最后的决定者。课程的实施一定会受到教师这个解读者的过滤，一定会地方化、当下化、教室化，也就是拥有自己的课程特色。承认以上事实，并不影响我们作这样的区分与表述：教师应同时成为卓越课程的执行者，和卓越课程的开发者。虽然我们本次的讨论的核心，是研发卓越课程；但其实对一个老师来说，执行卓越课程是更基础的。

在以上四类课程的基础上，特色课程也具有特别的价值。

我们曾说过，每一个好的课程在本质上都是全方位而完整的，其实我们已经看到，在新生命教育的身体课程的综合阶段，它已经把艺术课程与公民课程融合在一起。我们甚至可以说，在任何一个课程的完成阶段，它一定是超越课程，而涉及生命的完整性的。

以上所讲的课程特色，有别于我们专门列出的特色课程。课程特色，既可以理解为是一个多元解读的宿命，也可以狭义地理解为只是一个个体所能实现的成熟阶段，甚至是最高境界。在这种狭义的理解中，我们可以把与众不同叫做特点，而把拥有成熟的个人风格称为特色。我们有时说拥有特色、真有特色，往往是在这个意义上使用这个词。因为只有专家才拥有风格，风格是成熟的标志。同样是写字，同样是画画，同样是下棋，只有行家与大家才明显拥有自己的生命气质，以至于人们一看就知道这是谁的作品或谁的风格。也就是说，特色并不是去做与众不同的事，而是面对相同或相似的事务，有着完全个人化的而且行之有效的处理程序。

而特色课程则与此不同，特色课程专指别人没有唯我特有，或者说别人一般只是点到为止地做一做，我却在此大下功夫，把它做到一般人难以企及的程度。在此意义上，我们有秧歌特色学校、书法特色学校等千姿百态的特色学校，同样的，我们还可能把轮滑、吹葫芦丝、钢笔书法等，当成一个特色课程来开发。

用特色课程来追求与众不同，这在严格意义上是幼稚的。因为真正的与众不同是在常规性的事务上，我们拥有更为风格化的处理方式。即使我们是艺术特色学校，或有舞蹈、跳绳、书法等诸多特色课程，但如果我们在生命教育、公民教育、智识教育以及学习型组织与教科研等方面极为平庸，那我们就仍然是一所平庸的学校。但这并不表示特色课程没有重要意义。特色课程的开设，在最合理的情况下，是国家或普遍的课程设置中，没有体现我们特有的资源优势，而学校的师资或社区资源中，正好就有某个高质量的资源。一位有书法特长并对此乐此不疲的老师，就能够拥有一个书法特色课程。在轮滑、现代舞、摇滚乐……任何一个艺术、体育或智力领域，一个有特长的老师就有可能开辟一个特色课程。

每个人都是一个世界。每个人的天性都蕴含着不同特质，在某种意义上，特色通常是对不同生命的不同恩赐。因此，作为特色课程，无论书法还是轮滑等，一方面每个人都可以享受或应该习得，但另一方面，只有少数天赋出众的人才可能把它当成一生的技艺。所以如果全面推广而且深度推广，就有可能以个别学生的成就，掩盖了这背后的浪费与异化。我们建议少做“为了地方而地方”的地方课程，鼓励以管中窥豹之法做超越地方的地方课程；建议少办高价请来高手传授特长的兴趣特长班，鼓励针对学生个性特长，创造发挥教师个体兴趣或生命特质的特色课程。

显而易见，特色课程是教育的锦上添花，对它的过度强调可能是不妥的，它会遮蔽我们的教育视野，用一朵花来掩盖主体的虚弱。我们这样强调，并不是说一所学校不可以从特色课程入手，来先有特色，再解决重点。我们是在逻辑上强调：特色课程只能是整个课程框架的有益补充，在学理或逻辑上，我们应该首先强调解决主要的课程——如果一个特色课程具有更高意义上的实现教育目的的功能，那么它就理应成为课程框架中的主要部分，而不只是特色课程。就像在新教育，艺术应该是最基本的学校教育，而不应该理解为我们学校要把艺术作为特色来追求。

通过对新教育课程框架的粗略描绘，我们可以看到这是一个宏伟的蓝图。但是，因为课程需要少而透的原则，因为我们自身警惕教育改革的急进思维，也因为我们作为民间公益机构的客观条件局限，今天我们已经展开并做到的还只是冰山一角。我们会继续努力，把这个蓝图中还只是设想的地方，缓慢而坚定地逐一变为现实。从另一个角度上说，这个蓝图也永远没有彻底实现的可能，因为时代日新月异，生命生生不息，课程随之更迭创新，永远不会停止。但这一构架的存在，也由此成为永恒的蓝图，总是指导着我们去循序渐进，逐步实现梦想，而不是试图在一两年之内搞几个大活动，然后宣布实验取得了空前的突破。

所以，我们认为，现有的这种留白未尝不是新教育实验的“自由”，也就是说，新教育留给所有实验者的空间还非常大。新教育实验始终坚持以教师为起点，我们一直强调，每一个参与者都是不可替代的主体，所有的实验者都可能是卓越的创造者。从严格地按照既定的规范学习晨诵、读写绘等成熟课程开始，然后，每间教室，每个老师，不仅应该、并且完全可能因地制宜，利用自己的地方资源和个体生命特质，成为卓越课程的研发者。

▶ 五、 一线教师如何研发卓越课程

新教育实验的“研发卓越课程”，是指在“过一种幸福完整的教育生活”的价值引领下，在执行国家课程和地方课程、校本课程的基础上，鼓励教师对教材进行二次开发和新的整合创造，通过课程的创新使教室成为汇聚美好事物的中心。在课程实施过程中带领学生经历体验、合作探究，建立知识与世界、与自我的内在联系，将所有与伟大知识的遭遇转化为智慧，从而使师生生命更加丰盈。

研发卓越课程是新教育的“天命”。新教育要成为一个“百年老店”，就必须拥有真正属于自己的完整的课程体系。虽然我们至今远远没有实现自己的梦想，但是这些年来我们根据读写绘、晨诵、每月一事、生命叙事剧等项目，已经进行了“在农历的天空下”等一系列课程的探索，并在全国许多学校广泛使用，深受欢迎。新教育实验区和实验学校自主进行的诸如萧山银河实验小学的“十品性编织润童年”、绛县的“学校仪式”课程探索等，也都取得了很好的成效。新教育实验之所以被广大的学校和教师所喜爱，在相当程度上，是因为有这样一些不断在检验中成长、修正、朝向卓越的课程。

那么，一个实验区，一所新教育学校，一个新教育实验教师，如何研发卓越课程？我们认为，无论集体协作还是单打独斗地研发，归根结底，都是教师作为研发者的课程理论与操作水平问题。

第一，研发卓越课程，必须具有强烈的课程意识。长期以来，教学与课程是分离的，教师只是课程的“代言人”，扮演着忠实使用者的角色。许多校长和教师都认为，现在的国家教材、地方教材已经把学校的手脚捆死了，研发课程没有什么空间，而且风险很大。同时，研发课程涉及人力物力财力，需要投入大量精力和时间，教师的任务已经很重，压力本身很大，缺乏内在的动力，难免产生“拿着一张教育的旧船票，每天重复昨天

的故事”和“不求有功，但求无过”的心理惰性，这不仅是许多教师职业倦怠的真实写照，也是许多校长与教师害怕变革课程的重要原因。所以，研发卓越课程，首先要打破这样的心理定势，激发校长和老师的课程意识。

严格地说，哪怕国家课程、地方课程，以及新教育研发的优秀课程，在任何学校都有一个“落地生根”的问题。如新教育的生日诵诗，就必须根据每个孩子的特殊情况重新编织。因为课程对于学生生命成长如此重要，国家课程和地方课程又不能够解决每个学校的“个性”问题，让教师成为具有“创生取向”的卓越课程研发者，就具有特别重要的意义。从消极的课程实施者走向积极的课程研发者，是我们对于新教育实验教师的期待。

第二，研发卓越课程，必须掌握课程研发的基本方法与程序。 教师应该掌握基本的课程理论，“我们只有在具备一定的课程理论知识的情况下才能出来复杂的课程本身，以及围绕着课程的各种复杂因素”。泰勒曾经把课程研发分为四个基本阶段：1. 学校应当试图达到什么教育目标？2. 提供什么教育经验最有可能达到这些目标？3. 怎样有效组织这些教育经验？4. 怎样确定这些目标已经达到？所以，确定课程目标，整合课程资源，组织实施课程，评价课程效果，是研发卓越课程不可或缺的基本过程。我们在主报告中已经详细论述了新教育实验研发卓越课程的教育目的、课程理论和课程框架，一个新教育教师想要研发课程，就是依据此目的，参照这些理论与原则，择其课程框架中的某些留白，结合自身的能力与资源，进行具体课程的研发。

研发卓越课程有两种基本形式。一是教师对现有课程进行“二次开发”，即根据需要对课程内容进行适当的增删、调整和加工，从而更好地适应学生的学习。二是教师作为研发主体开发出新的校本、班本课程。这两种形式并没有本质的差异，只是程度的不同，应该根据实际需要决定采取何种形式。

第三，研发卓越课程，必须明确课程目的和课程目标。 作为校长或教师，我们首先要考虑的一个问题是：为了实现生命的幸福完整，我们还需要些什么？这个问题也可以这样表述：我们应该以怎样的方式推进课程？我们还缺失哪些必要的因素？对生命或生活之幸福完整的认识，是新教育研发卓越课程的绝对前提，是我们课程思考与行动的起点。做课程不能盲目行动，因为教育时间与学生生命是那样的珍贵，由不得我们浪费。我们总是从企及幸福完整的教育生活这一目的出发，来思考我们如何推进课程，或如何创制某种全新的课程。

课程目标向内顺应的是师生生命的发展，向外体现的是社会的诉求。课程内容是人类进化过程中自然选择的结果。作为教育工作者，应该能够理性地洞察人类进化趋势，即社会发展趋势对人类素质的要求，据此要求组织课程内容。未来社会对人的素质要求重点有四点："服务国家服务人民的社会责任感""勇于探索的创新精神""善于解决问题的实践能力"和"良好的体力"。这些研发课程的要求，也应纳入新教育的话语体系中。

在此基础上，我们研发的具体课程有着怎样的目标指向？如新教育的"每月一事"课程，就是希望能够培养学生良好的行为习惯，教给学生一生有用的东西。按照学校生活的节律和学生行为养成的规律，科学地安排每月活动的主题，组织主题阅读、实践、展示、评价等。在这样的基础上，各个学校充分发挥自己的创造性，形成了自己的若干特色课程。

第四，研发卓越课程，必须充分挖掘和善于利用各种课程资源。在桥西年会上，我们论述学校文化的时候，曾经以浙江省平湖县的广陈镇广陈中学为例，分析过如何利用地方资源的问题。其实，任何区域任何学校，甚至不同的老师，我们都应该认真考虑课程资源的问题——我们拥有什么？

除非已经开辟出课程，否则课程资源总不可能是全部现成存在的，它总需要一个发掘的过程。一个老师自身喜欢什么，拥有什么，这非常重要。一个老师喜欢歌曲，不仅能唱，而且懂得如何教学生唱，这样开发一个与演唱有关的课程就有了基本前提；若一个老师五音不全或根本不喜欢唱歌，那么想开发合唱、唱诗等课程就丧失了基础。

但是老师没有并不表示父母没有，更不表示附近社区中没有。社区蕴藏着丰富的课程资源，不仅仅是人力资源，还有文化资源、自然资源、科技和经济资源，一个公园、一个沙丘、一个池塘，都可以作为一个内蕴丰富的课程资源，一个普普通通的树林所蕴含的课程资源，甚至远超过一个静态的单调的博物馆。地方的名人、地方的物产、地方的物候、地方的民俗，这些全都可以成为课程资源。在苏霍姆林斯基的学校里，我们看到，学校与社区的融合，彼此的开放，取得了非常好的效果。而新教育实验"聆听窗外声音"的行动，也是出于这样的思考，就是认为社会资源是课程的重要前提。遗憾的是，许多学校还没有这样的意识，缺乏这样的自觉，学校主动开发社区教育资源、尤其是人力资源的意识还普遍不够，亟须加强。

还有一点需要特别强调，民族传统文化资源的挖掘和利用，应该是新教育卓越课程研发的重要内容。在冷战结束后，全球政治走向多极、多元化。这一世界秩序重建趋势中，以中国为核心的，以中华文明（或文化）为凝聚力的国家和地区群体将成为未来世界中的重要一极。在这个过程中，努力实现我们的民族文化认同，真正地让新教育人活出中国文化的根本精神，仍然是新教育人重要的文化使命。

第五，研发卓越课程，必须坚持从学生的角度理解课程。卓越课程是师生共同编织的。教师作为卓越课程的研发者，必须清晰地认识到，课程的主体是学生，课程从一个角度讲就是每个学生的生命旅程，是一段并不脱离情感、道德的认知过程。只有从学生的角度理解课程，才有可能筛选出符合学生身心发展规律的课程资源，才有可能研发出实现知识、生活与生命共鸣的课程。因为课程中最有价值的，不是知识，而是能力。只有共鸣发生之际，才是课程卓越之时。

第六，研发卓越课程，必须充分发挥教师的主动积极性。最后，也最需要强调的是：虽然课程的主体是学生，但研发课程的主体是教师。再丰富的课程资源，如果没有教师卓越的理解与阐释，也会变得索然无味。再贫瘠的课程资源，如果教师足够卓越，能够大量调动个体生命体验融入课程之中进行二次开发，也会有卓越课程的出现。同样的课程资源，哪怕由同一位教师实施，也不会是无意义的重复，因为教师理解的深入、生命体验的再度丰富、自身欠缺的逐渐弥补，也会将课程推向新的高度。如此，每位教师体悟到卓越课程的魅力，才能从日常的琐碎教育生活中真正把握教育之于自我生命的意义，才会化消极为积极。在课程中成长、成熟，在课程中与学生一起成长、成熟，是教师书写生命传奇的不二法门。

只有当教师将自己的生命体验融入到课程之中，课程才能真正滋润学生的生命。正如斯坦纳所说：“那些把自己看成是与课程融为一体，并诚挚地做出努力的教师们，比起那些仅仅传授从最新的教科书中得到的以智力形式出现的、浅显化的科学知识的教师们，更能有效地和学生们交流。”（《做适合人的教育》，第 69 页。）

因此，教师自身的素质，才是限制卓越课程研发的瓶颈。每个人的直接生命体验总是有限的，间接生命体验却可大至无垠；从纯感性的体验出发，到理论的总结与归纳，在高度的引领下又将促成生命体验的更加丰富——这是一个成长的循环。因此，我们强调教师的“三专发展”，强调对哲学、心理学、教育学经典书籍的啃读，强调观念与经验的互相转化与深化……在所有关于研发的探索中，我们坚守的依然是以教师为起点、以人为中心的原则。

正如新疆奎屯的种子教师张遵香在她刚刚结束的生命叙事剧课程中所展示的那样：因为学校没有演出场地，更谈不上舞台布置等，结合这些实际情况，张老师将生命叙事剧改为了班级电影，并为此自学了摄像、自学人体彩绘来化妆、自学视频剪辑软件等。最后，这些小学二年级的孩子们在《丑小鸭》的电影课程中的成长，让所有人惊讶，而张老师更由衷地说："成长，是孩子们的，也是我的。"

当然，在研发的具体过程中，个体与个体之间也有不同。我们发现，在观摩、聆听新教育榜样教师的示范与展示后，作为研发者的教师、教研员往往会摩拳擦掌、跃跃欲试，而实验区、校的领导们往往会有一种急迫的心情，想要所有教室、所有教师都来充分、深入地做新教育，来研发卓越课程。

事实上，正像老师研发卓越课程时必须尊重学生的认识可能一样，领导们单方面的推动可能会构成"侵凌主体"：替另一个主体做主。这无论在哲学上还是政治或教育伦理上，都是一种落后的思维方式。这种传统法家式的"我命令，你执行"，既与新教育根本理念相冲突，也与研发卓越课程的逻辑相冲突，卓越课程不可能在这样的方式下产生。

我们也并不赞同道家的管理模式：随你，随便，你爱怎样就怎样。在自然界，大道的运行法则确实是"自然的"，但它的代价是非常高的淘汰率。在人类社会，我们的文明就是要避免这种自然的淘汰。

因此，我们建议领导者、管理者不妨采用以下课程管理模式："我定标准，提供帮助，我来验收；你作承诺，自做课程，我不干预。"

另一种方式我们更不会反对：率先、表率、帮助、成人之美。也就是说，每位课程研发的领导者、管理者，第一身份本身就是课程研发的专家、一线的研发者，首先把自己设计的课程，以最美好的方式研发出来，进而启迪、启发教师在各自的岗位上也积极研发课程、绽放出各自的美丽。这样的垂范之下，再给予教师们自由与自主的宽松条件，足够丰富的资源帮助，必然会激发出一线教师的课程研发热忱。

研发卓越课程是一种不可能从天而降的本领，阅读课程的书籍和实践案例是远远不够的，今天听一场关于研发卓越课程的报告也是不够的。但是，对过一种幸福完整的教育生活的渴望有多强烈，研发卓越课程、缔造完美教室的心愿就会有多深。至于研发课程的能力，归根结底是一种生命的创造力，其实蕴含在我们每个人生命之中，只要行动，就能唤醒。坚持行动，就有奇迹。

课程只能够在课程中学习，研发卓越课程首先需要教师自身穿越相关的课程。研发卓越课程，在相当程度上，首先是要当一个既定课程标准和课程框架的执行者。我们不必担心丧失自己，因为我们已经优先地，同时也是宿命性地成为课程最后的决定者。课程的实施一定会受到教师生命体验的影响，一定会地方化、当下化、教室化，才最终得以在学生身上显现。教师应该同时成为卓越课程的执行者，和卓越课程的开发者。虽然我们本次的讨论的核心，是研发卓越课程；但对教师来说，执行卓越课程是更基本的。实施，是一个卓越课程的终点，却也是新的卓越课程的研发起点。

所以，在这个基础上，最重要的是，教师应该具有“我就是课程”的胸怀和气魄，认真地理解资源，理解学生，积极地整合课程资源，用心地从一次次小的课程改进、一个个小的课程创造开始，把自己作为课程的重要组成部分，研发卓越课程。

▶ 六、结语（萧山宣言）

2013 年 7 月，新教育人汇聚浙江萧山，探讨卓越课程研发。我们形成如下共识：

教室是河道，课程是水流，两者相得益彰，才会涌现教育精彩。课程以人为中心，是师生生命成长的历程。课程的丰富决定着生命的丰富，课程的卓越决定着生命的卓越。

我们认为的课程，是全方位、全过程的，包括学校教育、家庭教育、社会教育和自我教育。师生共同经历的课程，不是一堆知识的罗列，而是让知识拥有生命的温度，通过一组生命体验的过程，让我们成为具有德行、审美、情感、智慧和能力的人。卓越课程，就是最大程度地实现人幸福完整的可能。

我们认为的卓越课程，应该实现新教育实验“让师生过一种幸福完整的教育生活”的使命；应该尊重学生的认知规律，以学生的生命发展为本；应该经历浪漫、精确、综合三个阶段；应该充满惊奇，触及灵魂，生命在场；应该实现知识与生活、生命的深刻共鸣。

我们倡导的卓越课程研发，是指在新教育理念引领下，以国家课程、地方课程、校本课程为基础，鼓励教师对教材进行二次开发和新的整合创造，通过课程的创新使教室成为汇聚美好事物的中心。在课程实施过程中带领学生经历体验、合作探究，建立知识与世界、与自我的内在联系，将所有与知识的遭遇转化为智慧，从而使师生生命更加丰盈。

我们建构的卓越课程体系构架，以民族、国家、人类生存与发展为背景，以生命的幸福完整为终极目的，以哲学、心理学、教育学、社会学及相关学科理论为潜在的理论工具，以活生生的人为中心，以生命课程为基础，以公民课程、艺术课程、智识课程作为主干，并以“特色课程”作为必要补充。

在我们的课程意蕴中，起点处，是人，是人的问题，是人的各种可能性；终点处，还是人，是人的问题的解决，是人的幸福完整的实现。这活生生的人，既是教师也是学生。学生不断成长，教师不断超越，这正是师生以穿越课程来共同书写传奇的新教育生命叙事。

只要行动，就能唤醒；坚持行动，就有奇迹。课程只能在课程中学习，研发课程必须首先穿越课程。研发，不是简单地做加法，而是包含加减乘除在内的整合建构。实施，是一个卓越课程的终点，却也是新的卓越课程研发的起点。

教师应该具有“我就是课程”的胸怀和气魄，从一次次小的改进与创造开始，把自己作为课程的重要组成部分去开发。我们相信，会有越来越多的老师成为新教育理念的践行者、新教育文化的传播者，成为卓越课程的研发者、完美教室的缔造者。

研发卓越课程，创造卓越人生。路途漫漫，我们且歌且行！

参考文献

[1] 杜威. 我们怎样思维——经验与教育 [M]. 姜文闵，译. 北京：人民教育出版社，1991.

[2] O. F. 博尔诺夫. 教育人类学 [M]. 李其龙，译. 上海：华东师范大学出版社，1999.

[3] 小威廉姆·E. 多尔. 后现代课程观 [M]. 王红宇，译. 北京：教育科学出版社，2000.

[4] 怀特海. 教育的目的 [M]. 徐汝舟，译. 上海：生活、读书、新知三联出版社，2002.

[5] 艾伦·C. 奥恩斯坦. 课程：基础、原理和问题 [M]. 柯森主，译. 南京：江苏教育出版社，2002.

[6] 诺丁斯. 学会关心——教育的另一种模式 [M]. 于天龙，译. 北京：教育科学出版社，2003.

[7] 威廉·F. 派纳，威廉·M. 雷诺兹. 理解课程（上、下）[M]. 张华，译. 北京：教育科学出版社，2003.

[8] 佐藤学. 静悄悄的革命 [M]. 李季湄，译. 长春：长春出版社，2003.

[9] 佐藤学. 课程与教师 [M]. 钟启泉，译. 北京：教育科学出版社，2003.

[10] 佐藤学. 学习的快乐——走向对话 [M]. 钟启泉，译. 北京：教育科学出版社，2004.

[11] F. 迈克尔·康纳利，D. 琼·克兰迪宁. 教师成为课程研究者——经验叙事 [M]. 刘良华，邝红军，译. 杭州：浙江教育出版社，2004.

[12] 埃德加·莫兰. 复杂性理论与教育问题 [M]. 陈一壮，译. 北京：北京大学出版社，2004.

[13] 维果茨基. 维果茨基教育论著选 [M]. 余震球，选译. 北京：人民教育出版社，2005.

[14] 特林·芬瑟. 学校是一段旅程——华德福教师手记 [M]. 吴蓓，译. 北京：人民文学出版社，2006.

[15] 约翰·古德莱德，罗伯特·H. 安德森. 不分级小学 [M]. 谢东海，吕雪金，译. 北京：教育科学出版社，2006.

[16] 大卫·G. 阿姆斯壮. 当代课程论 [M]. 陈晓端，译. 北京：中国轻工业出版社，2007.

[17] 泰勒. 课程与教学的基本原理 [M]. 罗康，张阅，译. 北京：中国轻工业出版社，2008.

[18] 温·哈伦. 科学教育的原则和大概念 [M]. 韦钰，译. 北京：科学普及出版社，2011.

[19] 吉尔伯特·蔡尔兹. 做适合人的教育——斯坦纳教育理论与实践 [M]. 王荣亭，译. 北京：新世界出版社，2012.

[20] 中小学课程改革研究与试验课题组赴日考察团. 日本中小学教育与课程 [M]. 北京：人民教育出版社，1994.

[21] 教育部. 基础教育课程改革纲要（试行）[M]. 2001.

[22] 钟启泉. 为了中华民族的复兴，为了每位学生的发展——《基础教育课程改革纲要（试行）》解读 [M]. 上海：华东师范大学出版社，2001.

[23] 钟启泉. 国际普通高中基础学科解析 [M]. 上海：华东师范大学出版社，2003.

[24] 徐继存，张广君. 当代课程论文选 [M]. 济南：山东教育出版社，2013.

[25] 郑艳. 苏格兰颁布"卓越课程教学指导纲要"实施课改 [N]. 中国教育报，2009-5-26.

[26] 王道俊. 知识的教育价值及其实现方式问题初探——兼谈对杜威教育思想的某些认识 [J]. 课程·教材·教法，2011 (1).

[27] Allen C. Ornstein, Francis P. Hunkins. Curriculum [M], USA: Allyn & Bacon, 1998.

[28] William H. Schubert. Curriculum: Perspective, Paradigm, and Possibility [M], USA: Prentice Hall, Inc. 1987.

二、研发卓越课程的三个问题

——2015年新教育国际高峰论坛发言

朱永新

一、两天里的三个关键词

这两天以来，有三件事给我印象很深刻。这三件事，表面上看，与我们的教育毫无关系。

雾霾。昨天郑州发布了雾霾黄色预警。郑州的雾霾也这么严重，恐怕出乎很多人的预料。

拥堵。几位朋友下了飞机后用了两个多小时才来到会场。《河南教育》的李序主编，身在同一个城市，乘车到会场花了4个半小时，下午出发，赶来已经7点多了，没有赶上晚饭。

巴黎。就在昨天，传来了一个让人愤怒又悲伤的消息：法国巴黎，这座用自己的博爱关怀包容过无数痛苦的人的城市，遭遇了恐怖袭击。已经有100多人死去，还有数百人受伤。

大家认为，这三件事，跟教育有关吗？跟课程有关吗？

关于雾霾，我们的教育，是否去探讨了雾霾的形成原因？雾霾的各种危害？雾霾的解决办法等等？这，就是一个很好的科学课程。

关于拥堵，它形成的原因是多方面的。因为城市交通的设计规划，因为人们素养不够违反交通规则，或是因为突发情况，等等，我们是否用课程去探讨关注这个问题？这，就是一个很好的综合课程。

关于巴黎，这震惊世界并且肯定会改变世界的恐怖袭击，距离我们远吗？不，现在的世界是地球村。昨天，《人民日报》发表评论文章说到：“对于恐怖主义，总会有分析从成因和历史来找出其形成的土壤，从极端组织遭受的过去来研究恐怖主义的发育。这样的追根溯源无疑是需要的，特别是在恐怖主义形成之前，只要有一线希望，就应该努力去化解仇恨，弥合分歧，关注并且面对各种不同的呼声。但是，一旦当这种呼声成为恐怖主义，当（所谓）‘可怜的人’动手袭击无辜的人，在打击恐怖主义的层面上就不能再拘泥因果之论，因为这已经开始侵蚀文明发展的基本底座。”

很明显，教育正是在捕捉那化解仇恨、弥合分歧的一线希望。我们需要把那一线希望牢牢捕捉住。如果我们的课程能够教孩子们珍爱生命、热爱生活，如果我们的课程能够教孩子们尊重不同文明，宽容甚至博爱，这些悲剧是不是会发生得少一些？

所以，我想用这三件事说明：对一颗足够敏感的教育的心而言，人就是课程，世界都是课程。

我们现在开展课程时，一般都按部就班地根据教材、按照课表完成。这当然很重要。实际上，学校课程结构一般至少包括两类课程，一是“正式课程”，即国家课程；二是微型课程、准课程以及指向教育性的各类活动。

但是值得我们注意的是，不少学校只把卓越课程研发指向了第二类课程，导致不断地做加法，使得教师和学生的负担加重。这些学校忽略了一个问题，师生最日常的生活是国家规定的小学低年段每周 26 课时、小学高年段和初中每周 32 课时的课程生活，即国家课程的实施。

所以，研发卓越课程首先要指向国家课程的整合优化。新教育实验的“研发卓越课程”，要特别注意在“过一种幸福完整的教育生活”的价值引领下，在执行国家课程和地方课程、校本课程中，鼓励教师对教材进行二次开发和新的整合创造，通过课程的创新，使课堂成为汇聚美好事物的中心。

在课程实施过程中带领学生经历体验、合作探究，建立知识与世界、与自我的内在联系，将所有与伟大知识的遭遇转化为智慧，从而使师生生命更加丰盈。要进一步明确新教育卓越课程的研发体系与内容，梳理和处理好国家课程体系与新教育卓越课程体系的关系。

▶ 二、 新教育课程研发概述

新教育实验自 1999 年提出，2002 年正式启动，提出营造书香校园等六大行动开始，就已经开始了自己的课程探索，开始了以课程研发为目标，推动实验的进程。

10 多年的课程探索中，儿童阶梯阅读课程、新教育晨诵课程、读写绘课程、每月一事课程、生命叙事课程、中小学仪式课程等等，逐渐成为实施新教育实验的抓手，深受广大实验区（校）的师生欢迎。

在 2012 年宁波论坛上，研发卓越课程正式成为新教育实验十大行动之一，2013 萧山年会以“研发卓越课程”为主题，2014 年苏州年会探索了新艺术教育课程的问题，2015 年金堂年会探索了新生命教育课程的问题……我们在课程的探索上，脚步一直没有停过。

尤其从 2013 年萧山年会提出“研发卓越课程”以来，全国各地新教育实验区研发卓越课程的积极性空前高涨，各实验区、实验学校根据各自的优势和特色，研发出了一批富有特色的卓越课程，也形成了一些实施卓越课程的成果和经验。这一次，我们也在管城区领略了各种课程的独特滋味。

昨天晚上，12 个课程改革的展演节目，从新教育传统的晨诵课程、绘本课程、阅读课程、生命教育课程等等，到自行研发的民俗课程、创意美术课程等，艺术地概括和呈现出管城区的 12 个课程。

昨天下午，我和大家都去现场感受了一些不同的课程。我去的是创新街小学和东关小学。在东关小学听取了校长的课程叙事，观看了他们阅读、音乐课程的情景剧，以及艺术课程的走班教学情况介绍。在创新街小学观看了各学科老师利用自己的一技之长开设的活动课程，如数学图画书制作，花样辫子，家常烹饪等。真是“别样的课程，同样的努力”，师生研发课程的积极性、研发课程的创造力，都让我印象深刻。

在全国各地，类似的探索还有很多。

比如海门新教育实验区，他们从今年 8 月开始汇聚全海门市的精兵强将，组建了“每月一事”课程研发项目组，根据“推进每月一事”的新教育十大行动之一的行动，重新梳理、研讨、开发，对“每月一事”课程进行打磨与完善。

比如绛县新教育实验区，他们组建“印象山水课程”工作室，依托共同体之力研发印象山水课程。以中国的 34 个省级行政区为单元，以名山大川为课程脉络，以山水诗词为课程内容，让师生从这个课程中，阅读山水故事，学习山水文化，领悟山水精神。

比如诸城新教育实验区，他们推出的一个儿童诗性课程，从 2009 年酝酿、2011 年确定项目、2013 年正式开始课程建设，不仅对儿童诗教学做了大量探索，而且自己出台了《儿童诗课程标准》，这种踏踏实实、一步一个脚印的课程研发，这种认真的精神，让人感动。

与此同时，我们在研发课程的过程中，当然还存在着很多问题。有不少自行研发的课程，存在着过于粗糙、没有系统、零散杂乱的情况。因此，本届新教育国际高峰论坛就是要在科学系统地研发卓越课程方面进一步明确方向、明晰思路、把握关键。在此，我想提出三个问题。

▶ 三、关于课程研发的三个问题

第一个问题——如何更好地研发课程？

课程是一棵树，必须向内深入扎根，同时向外开枝散叶。

向内，是指向着师生的生命深处。向外，是指迎着周遭的处境下开枝散叶。两者互相促进，相辅相成。

只有枝叶不断进行光合作用，根才有往深处扎的力量；只有根不停地输送养分，枝叶才能进行光合作用。

在课程上，只有我们关注周围的环境，无论是自然环境，还是人文环境，才能敏感地捕捉教育的契机，才能取得最好的教育效果。比如我开头说的雾霾、拥堵、巴黎等事情，都可以成为研发课程的契机、研发课程的主题、研发课程的内容。

这样的课程，从生活的枝叶中得来，又与老师和学生的生命密切相关，扎根在师生心灵之中，自然会取得更好的效果。

第二个问题——如何更好地利用现代技术手段？

科技的发展，正在迅速改变我们生存的环境，也在改变着我们的教育。我们习以为常的很多事物，在科技的冲击下都会发生重大的改变。比如教育，比如学校，比如课程。

就拿学校来说，学校是人类发展到一定阶段的产物。我大概可以把人类的学校，分为四个重要的历史发展时期。

一是前学校阶段（Pre-school）——原始部落耳提面命的教育就属于这个阶段。这个时候就是面对面地、人对人地小范围传播信息，有学者就称这种时代为信息传播的“表演阶段”。

二是学校阶段（School）——比如公元前3500年左右，古巴比伦，两河流域苏美尔人的“泥板书屋”；比如公元前2500年的古埃及的宫廷学校；而父系氏族末期的“成均”和“庠”是我国学校的萌芽；

三是现代学校阶段（Modern School）——夸美纽斯。从这时开始，有了班级授课制，有了统一的教材、教学大纲、上课时间、教学内容、课程设置。这也就是当下我们习以为常的学校。

四是后学校阶段（Post School）——未来的学校。严格意义上，这完全可以不称为学校，我更愿意把它称为一种“学习中心”。在这个时期，教育的各部分发生变化学校（School）——学习中心（Learning Center），教育（Education）——学习（Learning），教师（Teacher）——成长伙伴（Parterner），教室（Classroom）——学习室（Learning-room）。学校的教育将从现在的标准化发展到定制化和个性化。

在不久的将来，学校会有如此改变，而课程作为教育的核心，也是学校的内容，当然同样会遇到科技的冲击，并且会更早迎来定制化、个性化的改变。

第三个问题——如何保持课程的逻辑自洽性？

众所周知，碎片化是信息时代的一个重要特征，也是学习中的一个重大障碍。

对课程研发而言，碎片化也同样是对课程的致命损害。

从个体而言，在每一个课程的研发上，碎片化会导致资料的罗列堆砌，导致师生学习压力的增加，直接影响课程的实施效果。

从整体而言，新教育已经在2013年明确梳理出一个完整的课程体系：以生命课程为基础，以智识课程之真、公民课程之善、艺术课程之美，辅以特色课程来舒展个性。

只有以新教育的课程理念来统领全局，把各类课程梳理、打通，才能真正融入师生最日常的生活，才能与师生最日常的生活融为一体，新教育才能真正成为师生生活的一部分，才能真正扎下根。

否则，见某一种研究有一点出色之处，就拿来使用，就会把课程研发变成不断做加法。不仅把课程变成各种不同方法的累加，也会把做新教育变成一种体力的累加。这并不是我们所期待的现象。

新教育如果是不断做加法，一定走不远。无论是实施新教育课程，还是研发新教育课程，我们一定要从碎片化思考，转向系统化的架构。只有这样，才可能真正研发出新教育课程，才可能让新教育师生过上一种幸福完整的教育生活。

课程是学校教育的核心，是培养人的重要渠道。有什么样的课程就有什么样的教育生活，有什么样的课程就有什么样的人。过一种幸福完整的教育生活，培养自由、全面、和谐发展的人主要通过课程实现。希望我们注意这三个问题，不怕更多问题，不断解决问题，在新教育卓越课程的研发上，不断自我挑战、自我超越。

亲爱的新教育同仁，我们的新教育国际高峰论坛从 2011 年至今，已经举办了 5 届。新教育国际高峰论坛汇聚了越来越多的人气，影响力越来越大。

第一届在江苏常州武进举行，约有 600 人参会。

第二届在浙江宁波、第三届在四川成都举行，都有 700 多人参会。

第四届在山东日照举行，有 800 多人参会。

第五届，也就是今年，在我们的多方控制下，仍然有来自 36 个实验区及非实验区的 1000 余名代表踊跃参会。

“有朋自远方来，不亦乐乎!”这两天，来自芬兰、美国、台湾等国家和地区的各位专家，和来自全国各地的同仁一起交流、碰撞、研讨，度过了一个特别有意义的周末。希望在我们的努力下，我们研发的课程更加卓越，实施课程的师生完整幸福!

（根据 2015 年新教育第五届国际高峰论坛上的发言整理）

▶ 问答 WENDAPIAN 篇

一、 什么是卓越课程？ 它和国家课程、 地方课程、 校本课程的区别是什么？

答：如果把课程视为以活生生的人为中心，包括起点、目的地组成的道路和历程的话，卓越课程，就是其中最好地完成了课程的目的，完美地实现了人的完整幸福的课程。它具有以下几个鲜明的特征：(1) 卓越课程能实现新教育实验“让师生过一种幸福完整的教育生活”的使命；(2) 卓越课程尊重学生的身心发展规律，以学生的生命发展为本位；(3) 卓越课程会经历浪漫、精确、综合三个阶段，必然同时既是全方位的，又是局部精确的，尽可能做到“少而透”；(4) 卓越课程充满惊奇，触及灵魂，生命在场；(5) 卓越课程会实现知识与生活、生命的深刻共鸣。

在我国，课程可以从研发的主体和类型来分类。从课程研发的主体来看，有国家课程、地方课程和学校课程三类。国家制定中小学课程发展的总体规划，确定国家课程的门类和课时，制定国家课程标准，宏观指导中小学的课程实施。在此基础上，鼓励地方开发适应本地区的地方课程，学校研发适合本校特点的校本课程。

严格地来说，新教育认为的卓越课程，不限于学校教育的范畴，而是以家庭教育为根基、学校教育为主干、社会教育为辅助、自我教育为根本的涉及学生生命成长全方位全过程的一种课程。卓越课程最本质的特点，则是教师与学生双方的生命体验。师生共同经历的课程，不是一堆知识的罗列，而是通过他们的共同生命体验，成为有德行、能审美、有情感和有能力的人。这也是卓越课程和校本课程的区别。

二、 为什么要研发卓越课程？

答：如果把教室比作河道的话，课程则是水流。两者相得益彰时，才会有教育的精彩涌现。有了课程的汩汩水流，田间地头也可以成为教室的延伸部分；课程的水流枯竭了，精心布置的教室也会成为禁锢生命发展的囚笼。课程的丰富性决定着生命的丰富性，课程的卓越性决定着生命的卓越性。

课程让知识拥有了生命的温度。课程是一个提纲。师生与之遭遇，并将生命体验融入其中时，就将其共同丰富为文章，书写出生命传奇的不同章节。课程是一扇大门。教师牵引着学生推开这扇通向世界的大门，每扇门外都有不同的风景，等待学生的继续探寻。课程是一粒火种。教师将以微弱火种燃烧为火苗，与孩子的心灵油田发生作用，最终形成智慧的熊熊火光。课程是一场地震。师生在课堂内外的剧烈互动震碎了心灵地壳，从量变到质变，最终让生命的岩浆迸发。

我们倡导的卓越课程研发，是指在新教育理念引领下，以国家课程、地方课程、校本课程为基础，鼓励教师对教材进行二次开发和新的整合创造，通过课程的创新使教室成为汇聚美好事物的中心。在课程实施过程中带领学生经历体验、合作探究，建立知识与世界、与自我的内在联系，将所有与知识的遭遇转化为智慧，从而使师生生命更加丰盈。

研发卓越课程是新教育的“天命”。新教育要拥有真正属于自己的完整的课程体系。虽然我们至今远远没有实现自己的梦想，但是这些年来新教育开展实施的读写绘、晨诵、每月一事、生命叙事剧等项目和已经进行的“在农历的天空下”等一系列课程的探索，在全国许多学校广泛使用，深受欢迎。新教育实验区和实验学校自主进行的诸如萧山银河实验小学的“十品性编织润童年”、绛县的“学校仪式”课程探索等，也都取得了很好的成效。新教育实验之所以被广大的学校和教师所喜爱，在相当程度上，是因为有这样一些不断在检验中成长、修正、朝向卓越的课程。

三、 新教育卓越课程体系构架是怎样的？

答：新教育认为，以生命的幸福完整为终极目的和当下尺度，以哲学、心理学、教育学、社会学及相关学科理论为潜在的理论工具，以活生生的人为中心，新教育实验在这三个维度的空间里，可以建构起自己卓越课程的体系构架。我们可以对新教育的卓越课程体系做这样的设计：以生命课程为基础，以公民课程（善）、艺术课程（美）、智识课程（真）作为主干，并以“特色课程”（个性）作为必要补充。

生命课程、公民课程、艺术课程和智识课程，基本上已经涵盖了新教育过一种幸福完整的教育生活和成为一个幸福完整的自由人的主要范围。在实际的教育过程中，作为基础的生命教育应该贯穿始终，而在幼儿时期、小学时期和中学时期，可以有相应的侧重点，按照人的身心发展的内在规律，进行善的教育（公民课程）、美的教育（艺术课程）和真的教育（智识课程）。

四、研发卓越课程从哪里入手？

答：研发课程，无论集体协作还是单打独斗地研发，归根结底，都是教师作为研发者的课程理论与操作水平问题。新教育实践者认为：要想研发卓越课程，首先需要有强烈的课程意识，愿意去研发卓越课程；其次是实践新教育现有的卓越课程，先“临帖”，跟从榜样教师的脚步，研习课程，从而在实践中掌握课程研发的基本方法与程序；然后，提升自己的专业素养，明确课程目的和课程目标；最后，充分挖掘并善于利用各种课程资源，形成自己的卓越课程。

五、非语文学科教师如何研发卓越课程？

答：新教育课程不仅仅只有和语文学科相关的课程，各学科老师都可以研发自己的卓越课程。

因为，卓越课程有多种类型：从课程研发的类型来看，有学科课程、活动课程、综合课程和隐蔽课程四类。学科课程传统上分为工具学科（语文、数学、外语）、社会学科（思想品德、政治、历史、地理、社会等）、自然学科（自然、生物、物理、化学）和技艺学科（体育、音乐、美术、劳动技术、职业指导等）。活动课程一般分为实际操作、文艺创作、游乐表演、调查研究和交流探讨等方式。综合课程以跨学科融合为基本特征，可以分为知识本位的综合课程和社会本位的综合课程。隐蔽课程是相对上述显性课程而言，学生在学校情景中所获得的，在学校政策及课程计划中未明确规定的、非正式和无意识的经验。隐蔽课程具有隐含性、不确定性、强制性和持久性等特点。可以说，只要有强烈的课程意识，并勇于尝试探索，都可以研发卓越课程。

六、以生命叙事剧课程为例，角色有限，如何让所有孩子都能够在课程中有所收获？

答：生命叙事剧课程简介：虽然参与表演的角色有限，不一定能满足全班每个孩子都上场表演的需求。一方面，可以设计 AB 组，让孩子们分成两个或者三个小组，参与表演。另一方面，生命叙事剧除了演员外，还需要有导演、编剧、灯光音效、道具设计（制作）、造型（服装，化妆）设计、灯光控制、音效（音乐）控制、舞台监督、场务……孩子们完全可以参与不同的工作，并实现人人有分工，人人都承担，团体共成长的目标。

七、课程是有了想法边做边思，还是构建设计完善后按部就班？

答：现有的研发卓越课程有两种基本形式。一是教师对现有课程进行“二次开发”，即根据需要对课程内容进行适当的增删、调整和加工，从而更好地适应学生的学习（即有了想法，边做边思）。二是教师作为研发主体开发出新的课程，设计完善后按部就班开展。这两种形式并没有本质的差异，我们可以根据实际需要决定自己采取何种形式。

八、农村小学在研发卓越课程方面有哪些优势?

答：新教育实验的核心是过一种幸福完整的生活，不分地域。无论是在农村还是在城市，大家都面临很多问题，同时也具备很多优势。关键在于，是否有强烈的研发课程的仪式，是否愿意为此做不懈努力。农村离田野更近，离泥土更近，可以考虑开发、践行一些和大自然相关的课程，如农历课程、种植课程；另外，一些农村在城市化进程中，一方面，环境受到破坏，另一方面，人们的生活方式也受到影响，可以就此做一些研究性课程。

九、同样的课程针对不同年段的学生，如何体现它的课程梯度?

答：新教育认为：童年不是一个静止的房间，它是一段由浪漫到精确，由粉红到天蓝的彩色阶梯。二年级和四年级，不是相近的两个教室，而是隔了几重天地的两个截然不同的世界。因此，针对不同年龄阶段的学生，相应的课程，也是符合他们各自的不同特点的。以新教育午读课程为例，在低年级（一至二年级），我们倡导读写绘结合，用阅读图画书、讲故事、用图画表达与创造相整合的办法，来让低幼儿童的学习力与创造力得到自由地发挥。在中年级（三至四年级），开始逐步从绘画中淡出，而加大文字阅读；结合讲故事，加大整本书的主题探讨；并开始进行历史故事与人物传记的阅读。在高年级，则主张共读方面以主题探讨为主，加大自由阅读的量，加入自然科学方面的阅读，将阅读与儿童文学创作相结合。

十、针对不同年段的学生，如何为他们设计相应的课程？课程目标和要求怎样设定？

答：新教育课程要最大限度地吻合各阶段儿童的身心发展特点，最大限度地开拓学生身心发展的最近发展区，最大限度地满足学生生命成长的需要。具体到每一间教室，到每间教室的不同阶段，以及不同的每一门学科，就需要有更为具体的课程规划以及实施方案。

比如，在一、二年级，许多老师按照课标要求入学就教拼音，强调拼音的工具性价值，而拼音教学的单调、拼音的符号化、与生活的疏离增加了学生的学习难度，让很多孩子在入学之初产生畏难情绪，影响孩子的自信心。而在新教育儿童课程中，引进读写绘课程与晨诵课程，阅读量是普通学校的数十倍，强调在具体的情境中整体认读与精确识字，强调充满意义感的阅读，而不是工具与程序性的阅读训练，这正好体现了新教育倡导的低年段浪漫整体的特点。而在数学上，不少教师引入皮亚杰的实验，引入集合的概念，在识数和加减乘除的开端，就把隐性的数理概念与显性的数学操练结合起来。

再如，在中高年级，晨诵课程中的《农历的天空下——中国古诗词之旅》已经被普遍地认同、接受；而三、四年级通过海量阅读实现阅读自动化，以及以人物形象分析和道德主题讨论为主要手段的全班及亲子的整本书阅读，也越来越成为许多教室的常态。这和高年级语文教学的高度精确化相映成趣。而在数学上，已经有有识之士在三重境界的指引下，开始追求创造数学、发明数学的新的教学。

除了学科课程之外，许多新教育学校还开发了经济学课程、旅游课程、电影课程、生命叙事剧课程、开学课程和毕业课程等形式多样、生动活泼，整合多个学科的课程。

十一、为什么说所有实验者都可能是卓越课程的创造者？

答：通过对新教育课程框架的粗略描绘，我们可以看到这是一个宏伟的蓝图。今天我们已经展开并做到的还只是冰山一角。从另一个意义上说，这个蓝图也永远没有彻底实现的可能，因为时代日新月异，生命生生不息，课程随之更迭创新，永远不会停止。我们认为，现有的这种留白未尝不是新教育实验的“自由”，也就是说，新教育留给所有实验者的空间还非常大。新教育实验始终坚持以教师为起点，我们一直强调，每一个参与者都是不可替代的主体，所有的实验者都可能是卓越的创造者。从严格地按照既定的规范学习晨诵、读写绘等成熟课程开始，然后，每间教室，每个老师，不仅应该、并且完全可能因地制宜，利用自己的地方资源和个体生命特质，成为卓越课程的创造者。

十二、学校条件有限，课程资源从哪里来？

答：在任何区域任何学校，甚至不同的老师，都应该认真考虑课程资源的问题——我们拥有什么？除非已经开辟出课程，否则课程资源总不可能是全部现成存在的，它总需要一个发掘的过程。

但是，老师没有并不表示父母没有，更不表示附近社区中没有。社区蕴藏着丰富的课程资源，不仅仅是人力资源，还有文化资源、自然资源、科技和经济资源，一株植物、一种动物、一个公园、一个沙丘、一个池塘，都可以作为内蕴丰富的课程资源，一片普普通通的树林所蕴含的课程资源，甚至远超过一个静态的单调的博物馆。地方的名人、地方的物产、地方的物候、地方的民俗，这些全都可以成为课程资源。在苏霍姆林斯基的学校里，我们看到，学校与社区的融合，取得了非常好的效果。而新教育实验“聆听窗外声音”的行动，也是出于这样的思考，就是认为社会资源是课程的重要前提。学校和老师应该学会主动开发社区教育资源、尤其是人力资源，解决条件有限情况下资源匮乏的问题。

十三、学校课时有限，如何处理好卓越课程与现行课程的关系？

答：我们倡导的卓越课程研发，是指在新教育理念引领下，以国家课程、地方课程、校本课程为基础，鼓励教师对教材进行二次开发和新的整合创造，通过课程的创新使教室成为汇聚美好事物的中心。在课程实施过程中带领学生经历体验、合作探究，建立知识与世界、与自我的内在联系，将所有与知识的遭遇转化为智慧，从而使师生生命更加丰盈。

在课时有限的情况下，我们需要先做“减法”，尽可能把卓越课程和现行课程进行调整融合，减轻时间压力。以语文学科为例，识字教学是低学年段教学重点，我们可以设计“有趣的汉字”“汉字国历险记”等相应课程，把识字教学和阅读、音乐、美术融为一体，通过儿歌、童谣、字谜、小故事、歌曲等识字，用甲骨文创作美术作品、画字，等等，让孩子对学习汉字产生浓厚兴趣，从而发展学生独立识字能力；再比如，《语文课程标准》中有一个全新的教学领域：语文综合性学习，老师们可以结合教材中综合性学习内容设计相关开展实施相关课程。

十四、研发卓越课程的关键是什么？最大的困难是什么？

答：研发卓越课程的关键在于教师必须自身穿越相关的课程，而最大的困难也在于此。教师研发卓越课程，在相当程度上，首先是要担当一个既定课程标准和课程框架的执行者。因为，课程的实施一定会受到教师生命体验的影响，一定会地方化、当下化、教室化，才最终得以在学生身上显现。教师应该同时成为卓越课程的执行者，和卓越课程的开发者。

很多实验学校和实验老师会迫不及待希望研发新的卓越课程，但实际上，执行卓越课程是更基础的。实施，是一个卓越课程的终点，也是新的卓越课程的研发起点。只有认真践行现有的新教育卓越课程，在穿越的过程中习得新教育卓越课程的要义，才能创造出新的卓越课程。

十五、研发卓越课程的步骤是怎样的？

答：泰勒曾经把课程研发分为四个基本阶段：（1）学校应当试图达到什么教育目标？（2）提供什么教育经验最有可能达到这些目标？（3）怎样有效组织这些教育经验？（4）怎样确定这些目标已经达到？所以，确定课程目标，整合课程资源，组织实施课程，评价课程效果，是研发卓越课程不可或缺的基本过程。

十六、课程研发需要的是团队的力量，如何在研发课程中构建课程研发共同体？

答：我们可以通过“共读、共写、共同生活”来逐步构建课程研发共同体。构建课程研发共同体，首先需要站在对方的角度设身处地思考，如果构建课程研发共同体，对方会面临什么样的问题，需要给予什么样的协助，大家都替对方考虑；与此同时，明确共同体的朝向、愿景、课程规划，以最真诚的心，呼吁大家一起努力；其次，团队共读，让心灵之间有共同的语言密码，让共同体成员尽快找准科学的课程研发路径，强化团体的精神凝聚力；再次，通过共写，以共同的经历（课程研发过程或者研发课程本身）为对象，进行心灵的深度碰撞，生命的细腻编织，通过这种反复交互的书写，彼此理解，并在不断的自我反思中加深认同，体会存在的过程；最后，创造多种共同生活的方式，在共同生活中，形成真正的研发共同体，共同学习，共同成长。

十七、 怎样处理课程中孩子的自我能力发展与教师主导作用之间的关系？

答：从研发课程的心理学规则上，我们认为，逾越学生身心发展的课程，往往事倍功半，甚至在某种意义上还会适得其反——因为一个好课程的目的不在于接受已有知识，而在于重现知识被创生的特殊时刻；而当儿童的身心没有发展到一定的阶段，这样的目标就成了不可企及的梦想。我们小心翼翼地探索着课程的可接受性，避免脱离儿童身心发展的形式主义课程。与此同时，是教育促进了身心发展，我们不可能等到儿童准备好了再进行教育，恰恰要通过教育，才能让孩子准备好。我们如此探索着课程的积极面，课程所能触及的最远端。

所以，从课程设计之初，我们就应该充分考虑课程要面对哪些孩子？他们自身具备了何种能力？通过课程，如何凸显他们的能力？同时，让他们身心获得更进一步的发展。在课程实施过程中，也要给孩子充分的时间和空间，让他们和课程、和知识产生深度共鸣，并通过观察、调查，及时关注孩子的情况，让孩子也参与评价，并根据孩子的需要进行调整。总之，是我们和孩子一起穿越课程。

十八、 研发课程需要注意哪些问题？

答：由我们研发卓越课程的实践来看，新教育的五大理念，是对于“幸福完整”的具体阐释，也是课程研发必须遵循的原则。这就是：（1）无限地相信学生和老师的潜力；（2）教给学生一生有用的东西；（3）重视精神状态，创造成功体验；（4）强调个性的发展，注重特色的教育；（5）

让师生和人类的崇高精神对话。这五大理念将在每一个卓越课程的完成中，经历浪漫、精确、综合三个阶段，并且这三个阶段循环往复、相互包含。

这五大理念，既是课程研发所必须遵循的原则，也是我们需要注意的问题。

十九、如何将课程与孩子的生命进行编织？能否举例介绍一下？

答：海门东洲中学百合班，他们的开学课程是这样设计的：初一，围绕“我要开花，是因为我知道自己有美丽的花”这一主题，老师朗诵《心田上的百合花开》，赠送每个孩子一枚印有百合花、写有老师寄语的卡片，师生一起将《心田上的百合花开》编成课本剧表演，根据文字创作《百合之歌》，教室四周张贴孩子们亲手绘制的心目中的百合图画，孩子在这一系列的活动中感受着百合的美好，自主悦纳着“我要开花，是因为我知道自己有美丽的花”，开学第一课唤醒了孩子对自己未来的无限信任。初二，围绕“我要开花，是为了完成作为一朵花的庄严使命”这一主题，师生一起深度共读《心田上的百合花开》，读出百合向上的生命态势，向着明亮那方的挺拔与昂扬，从心底里鄙视杂草猥琐的生活，无限憧憬百合生命的美丽与蓬勃，将“我要开花，是为了完成作为一朵花的庄严使命”作为自己生命的航标。孩子自己制作名片，将向往的百合的德性放在自己名字的前面向各科老师亮出。初三，围绕“我要开花，是由于自己喜欢以花来证明自己的存在”这一主题进行演讲。师生一起商定本班的宣言为：成长自己，美丽世界；给力自己，给力世界。师生一起制作班徽：红色的心形班徽上，是一朵盛开的百合，每个班徽都有自己鲜亮的名字，预示着每个人都将实现人生的最大价值作为生命的意义。而班徽则被佩戴在胸前，每个人自豪地在全校面前亮出自己。

同时，开学课程与结业课程遥相呼应。在百合班，每个学期结束，都是全班师生家长们一起在场的隆重的颁奖典礼。根据学年的不同，颁奖的内容有：努力奖、思考奖、最佳学力奖、亲和力奖、成长奖、优秀习惯奖，等等，每一个奖项都有一篇精彩的颁奖词，除了肯定每个孩子每学期的成长之外，更重要的是孩子在班级同学、老师、家长面前的“总有一些约定，能照亮未来”的宣言，其实也是针对假期的自我约定。学期结束，不仅仅表示上学期学业的完成，更是假期主动自觉学习、健康生活的开启。

百合班的课程就是这样顺应孩子生命的节奏，课程和孩子的生命不断进行编织。最终，师生的生命在课程中获得深度共鸣，通过穿越课程，在课程中成长、丰盈。

二十、研发卓越课程如何与班级愿景相结合，更好地服务于完美教室建设？

答：缔造完美教室，就是要让教室里的每个孩子穿越课程与岁月，朝向有德性，有情感，有知识，有个性，能审美，在各方面训练有素又和谐发展的生命，而一天天地丰盈着、成长着。

只有拥有卓越的新教育课程的教室，才可能是完美的新教育教室。如果没有卓越的课程，教室里的生命之花不可能绽放。新教育的课程站住了，新教育就真正地站立住了；新教育的课程体系建成了，新教育的大厦就基本建成了。所以，课程，是所有新教育梦想、理念能否实现的关键所在。

正如海门东洲中学百合班，他们就把研发卓越课程和班级愿景很好地结合在了一起，实现了缔造完美教室的目标。

二十一、卓越课程的标准该如何确定？如何评判一个课程的研发是否成功？

答：我们认为的卓越课程，应该实现新教育实验“让师生过一种幸福完整的教育生活”的使命；应该尊重学生的认知规律，以学生的生命发展为本；应该经历浪漫、精确、综合三个阶段；应该充满惊奇，触及灵魂，生命在场；应该实现知识与生活、生命的深刻共鸣。

课程的精彩不取决于外在的尺度，而取决于它对于具体生命、具体身心发展的促进幅度。我们评判一个课程的研发是否成功，一个课程是否卓越，我们就要问这两个问题：其一，它多大程度地开拓了学生身心发展的最近发展区？其二，它多大程度地吻合各阶段儿童的身心发展特点？这些强调的都是一个学生作为发展主体的内在历程。也就是说，研发卓越课程的主体固然是教师，但是课程的主体始终是学生，而且是学生的内在，是学生头脑中发生的变化。我们讨论研发卓越课程，如果没有深入地涉及儿童头脑中的微妙变化，那么我们就还只在外面的形式上打转。

总而言之，就研发卓越课程而言，我们强调课程研发是一种活生生的教育生活，但从来也没有忽视理论的作用。相反，我们清醒地认识到，没有对人类优秀教育理论遗产的整体性认知和透彻性把握，新教育是走不远的。

同时，我们永远牢记：理论是单色的。生活与生命，才具备包涵一切色调的完整性。知行合一，回到生活中去，在生活中创造，这是我们力图汲取一切理论，最终超越于任何单个理论的最重要原则。

▶ 案例
ANLIPIAN
篇

一、 仪式课程

每一个孩子的生命成长都有不同的节点，开学、生日、转学、毕业、特殊事件……仪式就是要唤醒这些生命成长的重要节点。仪式是课程的拓展与延伸，它通过内涵丰富、极富意味、有象征意义的程序和形式，使有意义的事情或伟大的事物能够拥有一种伟大的时刻，获得尊重。仪式作用于心灵，它唤起内心的神圣感，使生命能经常与伟大事物交汇在一起，从而形成长久的动力。

所有的仪式，都应该与孩子们的生命相关联，也是孩子们校园生活的重要组成部分。这些仪式，无论形态如何，对孩子们幸福、快乐、完整地成长，都有着不可或缺的意义和不容忽视的作用。

仪式就是对孩子生命的敬畏，对孩子生命的唤醒，对孩子生命的尊重，也是对教育规律的探寻。就像朱永新教授所说："仪式让生命或时间停顿，让此时此刻与其他时候不同。每一年中除了国家的重大节日庆典和孩子生命中一些特殊的日子（开学日、入队日、生日）外，每个课程的开启是仪式，课程的结束、回顾是庆典，还有围绕班级课程而衍生的节日也是庆典。除此之外，每一周中升旗和班会、每一天的晨诵都是仪式。因为这些仪式和庆典，让课程更加具有生命的光辉。"

（一）入班仪式：

写下明亮诗篇的第一行——小种子班入班仪式课程

孙薛莉

▶ [课程主题诗]

有一个孩子每天向前走去，
他看见最初的那东西，
他就变成那东西，
那东西就变成了他的一部分……

如果是早开的紫丁香，

那么它会变成这个孩子的一部分；
如果是杂乱的野草，
那么，它——
也会变成这个孩子的一部分。
——选自惠特曼《有一个孩子向前走去》

▶ ［课程准备］

一个完美的教室，不仅仅有外在的物质文化。还应有深厚的班级精神文化，文化是精神的汇聚，完美教室，就要成为孩子们成长的精神文化乐园。还在孩子刚走进校园的时刻，老师用隆重的仪式，唤醒孩子，让孩子的精神丰盈在美丽校园，绽放在完美教室。开学，用隆重的仪式让孩子绽放，我们要做好如下准备：

1. 老师准备

在刚开学的一段时间内，收集孩子日常生活的照片，如每个孩子学习、嬉戏、玩耍、上课的精彩瞬间……将来做课件用；和全体学生、任课教师照一张合影，作为班级的全家福；观察班中孩子的特点，酝酿班名；和孩子们确定班歌，并教唱班歌。由语文老师、美术老师以及全体学生和家长一起设计班徽“小种子”，约定班规，商讨班级布置方案，并提前联系广告喷绘店进行制作。在仪式开始前布置在教室里，给每个孩子制作一枚班徽，仪式开始的时候每个孩子都戴上班徽。

2. 学生准备

每个学生准备一张自己的照片，以备布置教室，自己想一个喜欢的班名，学唱班歌。

3. 环境布置

（1）多媒体内容：PPT 正中间写上仪式主题。右下角写明班级的开班仪式——绛县第一实验小学一年级小种子班开班仪式。

（2）墙壁内容：在教室前方墙上是我们的班徽，门口悬挂我们的班牌。其余墙壁做好相关布置。

4. 礼物准备

（1）为每个孩子准备一粒种子和一个心愿卡，上面贴上孩子们的照片。

（2）老师给班里的每一位学生精心挑选一本绘本，作为入班第一天送给孩子的礼物。让这些美好的故事与画面为孩子们带来另一个世界的神奇，带来生命对自身的寻找与追求。

（3）为每个孩子准备一个档案袋，装入班级文化内容。这个档案袋将成为孩子以后成长足迹的见证。记录下孩子成长的每一个珍贵的瞬间。

▶ [课程实施]

入班仪式流程：

步骤	内容	过程
1.	一次旅行	由教师和小导游带领孩子们熟悉校园
2.	一首诗歌	班主任致辞、点名唤醒名字
3.	一个故事	1. 主题故事讲述
		2. 主题内涵挖掘
		3. 编织理想，树立愿景
4.	一种文化	介绍班名、班风、班训、班级愿景、班级课程等的内涵
5.	一个承诺	师生、生生或亲子互动
6.	一份礼物	家长给孩子赠送礼物
7.	结束仪式	聆听班歌，重塑印象

迎着九月的第一缕阳光，每个学校就会迎来张张稚嫩、纯真的笑脸。报名、填表、录取、分班，这群可爱的孩子就这样到了班上。这时，老师、家长集思广益，我们首先确立“小种子”教室的班级精神为“同成长，共绽放”。并根据班级精神，老师和家长们一起设计了班徽，确定班名、班歌。

紧接着，老师和孩子们一起邀请家长，举行开班仪式：

1. 一次旅行

刚入校的孩子，对周围的一切都非常陌生。要让孩子尽快地熟悉校园的每一个地方，可以在老师的带领下走进学校的每一站，了解这个将要和他们相伴六年的校园的整体情况。在“旅行”时，可从高年级选取学生做每一站的小导游，生动有趣地介绍校园的每一个场所。这时，学校可以展示一些有特色的活动，如：各年级的大课间活动、学校的管乐队表演、拉丁舞展示、古筝表演等，这样的设计可以动静结合，让孩子感受到学校生活的丰富多彩。

2. 一首诗歌

（1）在家长和学生进入教室后，教室里应该营造温馨的氛围，老师可以播放班歌，也可以播放一段轻音乐。班主任致欢迎辞。

（2）全班老师朗诵《你们的名字》，多媒体屏幕上配合播放每个孩子的笑脸，或者显示孩子和家长来校报名的照片，我们还可以把孩子幼儿园最棒的一幅画张贴在班级的一角。让孩子们在新的环境中找到自己的印记。

（3）老师颂诗完毕后，班主任轻轻地叫出每个孩子的名字。点到名字的孩子站起来答“到”回应老师。这时的呼唤，是老师对孩子声声的唤醒，是老师让孩子融入班级的缕缕深情。

3. 一个故事

（1）讲述主题故事。

挑选与班级命名有关联的主题故事，例如我们的小种子班讲述的是绘本《小种子》。也可以讲述班级愿景有关的故事，如《肚子好饿的毛毛虫》《七色花》等，讲故事时要注意最重要的是让每个孩子感觉就是在讲自己，所以一般要用第二人称。

在讲故事时，要注意与学生进行互动，讲述过程中可以结合故事情节挑选几个孩子发言，让孩子说出自己的愿望。

(2) 挖掘故事内涵。

接下来，可以采用师生对答的方式，挖掘小种子的内涵，注意故事的内容配上相应的原故事课件，再与孩子日常的生活相联系，让孩子明白：这是小种子的故事，也是我们每个孩子的故事。今天，小种子带着梦想飞到了我们班，我们就是一粒粒小种子，我们的班名就叫“快乐小种子班”。取这个班名是想让孩子们知道，在我们的身体里面，藏着一个更好的自己。我们每一个人都会变成一个更好的自己。

(3) 编织理想，树立愿景。

老师从榜样引入：一个人的成长不怕慢，不怕小，只要我们一刻不停，就会在某些方面开出巨型花。在我们的生活中也有许多的巨型花，他们从一粒粒种子破土萌芽装点着美丽的世界，书写着他们生命的传奇。

此时教师用多媒体一一为孩子呈现和介绍：“音乐巨型花——朗朗”“跨栏巨型花——刘翔”“太空巨型花——刘洋”“文学巨型花——莫言”“影视巨型花——成龙”的故事。

邀请学校的校长——让学校的面貌发生巨大变化的“智慧巨型花”或者上级领导为孩子们讲话，并为孩子们送上心愿卡，鼓励并祝福孩子们。

①“智慧巨型花”与孩子们进行互动。

提问1：孩子们，现在的你是一粒什么样的种子？

学生答：快乐小种子、勇敢小种子、阅读小种子……

提问2：将来的你会成为一朵什么样的巨型花？

学生答：天使巨型花、文学巨型花、运动巨型花、飞翔巨型花……

②“智慧巨型花”寄语家长。

请我们的家长巨型花和刚萌芽的小种子一起在心愿卡上写下现在的你，写下未来的你。让我们一起记录现在的你，见证未来的你。衷心祝愿你们成为一朵朵会飞的巨型花，勇敢无畏地飞翔！飞得更高，飞得更远！

然后，让家长和孩子在心愿卡上写下自己的心愿，并将心愿卡装入我们的档案袋。

4. 一种文化

(1) 教师介绍小种子班的班级文化。

老师首先介绍：今天，小种子带着梦想飞到了我们班，我们就是一粒的小种子，我们的班名就叫“快乐小种子班”。

我们的班级成员就是由 79 粒小种子、79 个家庭、语文老师——孙薛莉、数学老师——张奇昕、音乐老师——贾玲玲、美术老师——王丽、体育老师——李红、信息技术老师——郭鹏组成。

我们的班级愿景是：开出最美的花，做最美的自己。

我们的班风是：愉快学习、健康成长。

我们的班训是：自信博学、快乐绽放。

我们的班级口号是：我自信、我快乐、我健康、我成长。

小种子的约定：我要做个好孩子：爱上学、爱阅读、讲文明、有礼貌。

（2）展示班徽：

介绍班徽的来历与含义，并请家长给每个孩子佩戴一枚班徽。

（3）诵读班级主题诗：

我们的班级主题诗是《小种子》，老师先来带着你们读一遍。

我是一颗小种子
我会慢慢长大
阳光和雨露
给了我力量
诗歌和故事
给了我梦想
我要开出我的花
阳光下绽放

我们一起带着动作读一遍，然后和家长分角色来读班诗。

（PPT 配上开学以来孩子日常生活的照片：“阳光和雨露”，找到很多家长和孩子在一起的生活照之类的，都是一些能体现关爱的照片；“诗歌和故事”就是平时读诗歌和故事的照片；“阳光下绽放”就是孩子们一张张快乐阳光的笑脸……每个孩子都有。）

（4）班级课程汇聚美好。

①重点介绍儿童课程的内容：

把最美好的东西给最美的童年，金波爷爷曾经说过：伴随着故事和诗歌长大的孩子连呼吸都会变得自然，除了语文、数学学习外，我们走进美妙的诗歌。

详细介绍儿童课程的内容：9 月，我们走进“我爱上学”的主题诗歌，从《ɑ o e》开始，一边学拼音，一边读儿歌，这些故事儿歌让一年级孩子走进润泽的教室，给孩子们带来安宁阳光的心态，把入学教育由讲道理变为读儿歌，听故事，我们一起爱上校园、爱上读书。10 月，让孩子走进大自然让我们一起爱上秋天，开展树叶贴画、果实贴画等手工课程。循着秋天的脚步，我们踏上了 11 月的旅程，让我们一起爱上阅读，我们会将语文课本中童话单元与午读课程结合起来，进行写绘和续写创作。12 月，走进大自然，让我们一起爱上冬天。

②PPT 展示其余的班级课程。

除了儿童课程外，我们还将开展生日课程、经济课程、识字课程、手工课程、社团课程等。我们将用诗歌吻醒黎明；中午，与一本本经典对话；夜晚，用写绘记录自己的生活；孩子过生日时，将为孩子送上切合这个孩子生命特点的生日诗；经济课程会让孩子们学会自律和竞争；识字课程带领孩子们在一首首童谣和一首首儿歌中记忆字形；手工课程让孩子们把自己的故事再现；社团活动的开展会为学生推开一扇五彩缤纷的窗……

5. 一个承诺

孩子的成长需要学校、家庭共同的呵护，教师可在此环节为家长们带来一个生动的故事：《我们能拥有孩子多少年》，借此触动家长的内心。引发家长思考：我在自己的孩子身上到底付出了多少？如何给孩子一个更美好的童年？同时开辟一条亲子沟通的渠道，成立家长委员会。

孩子的成长需要家长老师携手并进，作为老师，我承诺：“让每一个与我相遇的孩子，因我而优秀。”

家长是呵护我们每个孩子成长的阳光和雨露，这时候可邀请家长发言，选取一个家长代表谈谈自己在亲子教育方面的做法，请其余家长来到自己孩子的身边，和孩子一起听，说说自己的心里话，相信孩子会和这粒种子一起长大。

6. 一份礼物

请家长们来到每个孩子的身边，郑重地将手中的绘本《你是特别的，你是最好的》和准备好的种子交到孩子手中，抱抱孩子，对孩子说：孩子，我爱你，相信你会和这粒种子一起长大。

请接收到礼物的孩子亲亲父母，对父母说：爸爸妈妈，我爱你们，请相信我，我一定也会开出一朵自己的花！

请孩子们课下将种子种到我们的花盆里，并给你的种子起一个你喜欢的名字，悉心地呵护这粒种子，和心爱的种子一起成长。

7. 结束仪式

尊敬的老师、敬爱的父母、亲爱的孩子们，今天我们共同播种下一个美好的愿望，相信种子，相信岁月，相信每个孩子都会做更棒的自己，开出更美的花。让我们一起在班歌中结束今天的仪式。

▶ [精彩瞬间]

半个小时的开班仪式，将近200人的班里一直都是安安静静的，孩子们也一扫平日一年级傻乎乎的劲儿，父母和孩子紧盯屏幕，参与其中，那份专注和认真让人感动。第一次感觉到仪式的不同，有种神圣，有股暖流。一次仪式就是一次心灵的洗礼。

开班仪式后，大家纷纷在日记本上写下自己的感受：

张力天小朋友写道：“小种子的梦想是开出一朵巨型花，我的理想是当科学家，所以我就要像小种子一样，不怕困难，还要坚持!”

王广昊小朋友写道：“我是一颗小种子。小种子的梦想是开出一朵巨型的花。我的梦想是当一名警察，维护社会治安，保护家人。我现在就要学会坚强、勇敢。”

石佳颖的妈妈在亲子日记中写道：

写给我亲爱的女儿——石佳颖

以前总是妈妈替宝宝记日记，记录宝宝的成长。现在你上了一年级了，可以自己写日记了，妈妈希望你能坚持！

日记，是记录每一天的所见、所闻、所感；发泄自己情绪、表达自己见解、释放自己秘密的一种简单的交流。

希望我的宝贝，从这一刻起学会写日记，养成一种好习惯。也愿这琐碎的日记能帮助我的孩子从点点滴滴中树立一个端正的态度，养成一种良好的行为，培养出辨别是非、感悟道理、吸取教训的能力；帮助你成为一个独立、自信、坚强、德才兼备的女孩，挖掘出潜藏在你身体里的完美的自己!”

梅银浩妈妈的反馈是：“一年级的学校生活是孩子们步入学校生涯的启蒙，而在这个尤为重要的阶段，我们一（5）班的79个孩子很幸运地遇到了孙老师和张老师，两位老师的认真与敬业让我们敬佩。梅银浩同学只是这79颗小种子中的一颗，能得到两位老师特别的关爱，我们做家长的倍感欣慰，真诚地道一声：谢谢!

一（5）班的79颗小种子为能得到孙老师和张老师的关爱为荣，也但愿在不久的将来，两位老师能以这79朵巨型花为荣!”

▶ [课程反思]

完美教室班级的入班仪式就是孩子在这个班级中最初看见的东西，这东西的后面是源源不断的精神食粮，是美好的事物，是诗歌、童话、音乐……无论是老师还是家长都希望孩子遇到“紫丁香”，成为“紫丁香”，因此，在入班仪式开始前一定要做好两件事：设计好班级课程和做好班级布置。让学生进到教室的第一时间就爱上这个学校，爱上学习。而且教室的布置不能是随意性的，应该是可以填充的，能看到孩子生命的成长。反思自己的课程，我觉得以下几个方面是特别需要注意和改善的：

1. 班名的确定

班名可以来源于一个对学生有着深刻教育意义的故事，也可以选取一种动物或者植物的名称，还可以是某一位名人……我们可以采用各种不同的动物形象来作为班级标志，小蜗牛、小蜜蜂、蝴蝶……一个个个性鲜明、充满童趣的班级形象就跃然而出，再配上班级口号、班名解读，形成了独特的班级名片。而且比名字更为重要的是这个名字的内涵发掘。

2. 资料的积累

教室里所发生的一切都指向学生，教室里所有的落脚点都指向学生的发展。在每一个新的班级的开始，我们一定要多和孩子接触，珍惜和孩子在一起的每一天、每一刻，要清楚自己班级孩子的特点，更要明白要将这些孩子带向何方，也就是说自己的班级愿景一定要清晰。平时也要注意积累一些和孩子在一起的照片或者孩子们独立活动的照片或者能反映孩子成长印记的作品。

3. 打破学科限制

入班仪式不应该仅仅有语文老师的参与，应该以班主任为主，让所有与这个教室相关的人员都参与进来，包括其他科目的老师和家长，大家共同聚集在孩子的周围，一起出谋划策，把最美好的东西给予孩子。

（二）生日仪式：

生日的喝彩，生命的喝彩——生日仪式课程

常瑞霞

▶ [课程主题诗]

摇曳的蜡烛亮
大大的蛋糕香
孩子过生日
幸福又欢畅

我说：
别着忙
在你人生的黎明
用一首诗
把生命唱响

——常瑞霞

▶ [课程准备]

作为教师，要在孩子小学六年的时间里，让他们成为知识丰富的人、精神丰盈的人、人格丰满的人。为了丰盈孩子的生命，为了让孩子当下的生活丰富多彩，在每一个孩子的生日，老师专门为这个孩子送上一首生日诗，让孩子从生日诗中汲取生命的能量。

每个孩子生日时都会得到一首属于自己的、不同于他人的生日诗。在这里，没有丰盛的宴席，没有甜美的蛋糕，没有摇曳的烛光，有的是我们

用最朴素的方式——生日诗歌，把对孩子的祝福送上。

我们要进行生日送诗，应当做好如下准备：

首先，教师要阅读大量的诗歌，从中选择适合孩子的生日诗。生日诗的选择一定要慎重。每个生命都是独一无二的，因此，一个班级里，送给每个学生的生日诗也是独一无二的。诗意一定要符合这个孩子的特质。对于那些性格内向沉默的孩子，诗句里也一定是包含着蕴藏在他身上的潜能。

第二，教师要不断提高自身的诗歌修养，善于捕捉学生生命中的闪光点，为孩子创作生日诗。肯定孩子的现在，指引孩子的未来。

第三，老师要善于通过生日送诗这一特殊形式，进行师生之间的相互编织。也可以发动家长参与其中，让孩子讲述孩子的成长故事，结合生日诗帮助学生去认识自我并形成良好的自我镜像。

▶ [课程实施]

生日送诗是“新教育”晨诵项目中的一朵奇葩。它是一种仪式，一种师生共同穿越诗歌，享受生命，开启新一天的洗礼仪式。当一首经过老师改写的诗，在一个孩子生日那天，被老师和孩子们真心送出的时候，这首诗也就定格在孩子的心里了。我们一次次感受到生日送诗的无穷魅力：谁走近了孩子们一年一次的生日，谁就能够真正走进孩子的心。

生日送诗的一般流程：

在孩子生日到来之前根据其特点选择（或创作）一首生日诗。在孩子生日当天的早晨，带领全班学生诵读、品味原诗，然后出示改动部分，变为属于这个孩子的独一无二的生日诗，全班同学起立，诵读这首诗，以最朴素的方式送出生日诗，让这样的诗歌唱响在孩子生命的黎明。之后可以让全班孩子仿写、创作诗歌，作为送给同学的生日礼物。

1. 生日送诗选择

选择适合孩子特点，暗含孩子将来，鼓舞孩子勇敢向上的诗歌。	内向的、忠厚的	好动的、不守时的	执拗的、怕困难的	喜欢阅读的	善于写作的	执着的、顽强的
	《笑》《星星和蒲公英》《面对这大千世界》	《会思考的石头》《牵着时光的手》《像鱼那样沉默》《用目光倾听》	《倾心》《在雨中登山》《全世界都在向你微笑》《跌倒》	《爱读书的树叶》《小小的日记本》《蜜蜂的歌》	《呼吸》《墨水瓶》《玻璃和文字》	《我是一只小蝴蝶》《向着明亮那方》《崖上松》《在山的那边是海》

笑

——送给程天宇

它是美丽的蔷薇色
比罂粟籽还细小
当它散落地上时
就像焰火噼噼啪啪
绽放出大朵的花

就像眼泪簌簌滑落
如果微笑也会这样滑落
会是多么多么美啊
程天宇啊
如果你的微笑也会这样滑落
会是多么多么美啊

（改自金子美玲《笑》）

绿叶映着你的脸

——送给金宏伟

绿叶映着你的脸
迎来了属于你的春天
勤奋的金宏伟啊
你栽下了一棵树
你的生命就与大地相连

为土地不吝惜汗水
落地就变成了甘泉
执着的金宏伟啊
你为春天而劳作
你已经变成了春天

（改自金波《绿叶映着你的脸》）

会思考的石头

——送给刘景愚

活泼的刘景愚

忽然　你想变成一块
会思考的石头
静静地坐在那儿
一动也不动

清晨迎接朝霞
夜晚仰望繁星
变成一块会思考的石头
日子很充实　也很轻松

一个安静沉默的刘景愚
在思考着严肃的事情
真的　你知道了学会思考
人才会变得聪明

（改自金波《会思考的石头》）

跌　倒

——送给齐智

风　跌倒了
才有了美丽的落叶
云　跌倒了
才有了滋润大地的雨水
太阳　跌倒了
才有了静谧的夜晚

所以　勇敢的齐智啊
你不要再害怕跌倒
当你跌倒时
就用最美丽的姿势
站起来

（改自牧也《跌倒》）

我们在雨中登山

——送给郭政

我们在雨中登山
雨滴迷蒙了我们的双眼

耳边呼啸着冷风
身后有雷声的追赶

山间无处能避雨
我们就索性冒雨登攀
不惧怕风雨的人
风雨就是助威的呐喊
不惧怕风雨的郭政啊
风雨就是为我们
助威的呐喊

（改自金波《我们在雨中登山》）

2. 生日送诗要求

（1）生日诗的朴实性。

生日诗是我们送给孩子的一道精神大餐，不应该用物质的东西过多地沾染。有的班级的孩子在得到生日诗时，非常激动，就给全班同学带来礼物。这个同学的行为本也无可厚非。但年幼的孩子看到同学给大家带礼物，就会在自己生日时也让父母给全班同学准备礼物。这样就容易在学生中间造成互相攀比的现象，不利于孩子的成长。因此，生日诗应该用最朴素的形式送出——把孩子请到台前，让全班孩子用最整齐、最甜美的声音，把对同学的祝福送上。

对于一些特殊的孩子，过生日时我们也可以送上特殊的礼物。金宏伟过生日时，送给他的诗是《绿叶映着你的脸》。诗中提到“你栽下了一棵树，你的生命就与大地相连”，正好又赶上植树节，学校还有让学生到影视城种树的活动，金宏伟就代表我们班到影视城种树了。

刘景愚的生日诗是《会思考的石头》，老师送他的生日礼物就是一块石头。

谢宛真的生日诗是《爱读书的孩子》，送她一枚小小的书签，书签中夹有一只蝴蝶。接过书签，孩子就明白，老师希望她多多读书，早日破茧成蝶。

范柳依的生日诗是《小小日记本》，老师送她一个小小的日记本。小小的日记本盛着老师的希望，让孩子写下自己童年的欢乐与梦想。

孩子生日那天，得到一首都属于他的诗，这是最好的礼物。如果有老师另外送上的小礼物，那是额外的奖赏。同学之间送上的应该是一张贺卡，一首自己为同学创作的诗，一句真诚的祝福。

（2）生日诗的常态化。

一首生日诗不是送给孩子一时的礼品，而是要送给孩子一生的礼物。所以，我们不能在孩子生日那天送给孩子之后，就让孩子把生日诗置之高阁，尘封箱底。我们要经常在孩子需要的时候把这首诗送给他，让生日诗不断地唤醒孩子。

当孩子又迎来了自己的生日时，我们再次把诗送上，回味那份幸福与甜蜜。范犇是第一个迎来第二次生日的孩子。老师和同学第二次把他请上讲台，第二次用他们最甜美温柔的声音，为他诵出最甜美温柔的诗歌。同学们送完诗，回顾一年来范犇的变化，一起给范犇找优点。同学们发现，范犇有许许多多的优点，有很大很大的进步。大家发现，范犇这朵小花，终于在山石组成的路上开出美丽的小花。

当孩子遇到困难与挫折时，师生再次把诗送给他。郑一鸣遇到困难就想打退堂鼓，当他想退缩时，就把他请上讲台，再次把《山的那边是海》送给他，孩子就会增添战胜困难的勇气，勇敢地面对困难。许多同学都有过这样类似的经历。

当孩子取得进步时，大家还会把生日诗再次送给他。郑朝辉从童书中，从诗歌中获得了力量，渐渐爱上了学习。抓住这个时机，全班同学把诗送给他。孩子获得了新的力量，面对自己不喜欢的数学，下功夫去学习；面对自己头疼的英语，就像蚂蚁啃骨头一样去啃。在鼓励中，孩子正在一步步成长。

当老师在教育孩子出现失误时，老师借用生日诗给孩子道歉。既得到学生的谅解，又能让学生从中获取新的能量。

（3）生日诗的丰富性。

随着岁月的流逝，生日送诗的做法也趋向成熟与多样。最初，可以只是选诗改写好后送给孩子。以后，不仅有老师写的诗，同学之间也开始写诗，来共同庆祝每个美好的时刻。在大家眼里，诗歌已不再只是一些优美语言的堆积，它变成了一件饱含深情的特殊礼物：或是一粒《小种子》，引导孩子积极向上；或是一朵《橙花》，让人忘记忧伤；或是《太阳的话》，告诉孩子要阳光……孩子们将生日诗写在制作好的卡片上。还有的小组合作——你来写诗，他来绘画，我来写几句心中的祝福。一个个彩色的日子过去了，一张张美丽的笑脸仿佛绽放的花朵，一个个孩子在刹那间成熟了许多。

生日不仅送生日诗，还可以送给孩子生日故事。生日故事更适合年龄小一些的低年级学生。《小魔怪要上学》让孩子懂得读书学习可以让自己强大、懂礼；《小种子》让孩子学会如何让自己不屈不挠，顽强向上；《花婆婆》让孩子明白要做让世界变得更美丽的事情；《大脚丫跳芭蕾》让孩子在遇到挫折时坚持不懈，战胜困难。在孩子的幼年，这些美好的故事植入他们的生命，他们就会在生日故事的引领下拔节向上……

孩子的生日是美好的，美好的时刻有生日诗注入他们的生命，他们又是幸福的。我们就用美好的生日诗，为孩子的生命加油，为孩子的生命喝彩！

3. 生日送诗案例

程天宇是一个非常内向、胆小的小姑娘。别人和她说话时，她眼睛总是盯着别的地方，不敢正视对方，一副冷冰冰的样子。下课了，她总是一个人坐在座位上，不和同学们玩耍，喜怒哀乐从来不曾轻易表露。天宇妈妈讲，天宇爸爸都不愿来接孩子。因为每次来接程天宇，程天宇都是一句话都不说，把脸扭向一边，没有一次喜悦的表情。每次接完孩子，爸爸回家都要发一番牢骚：“以后我再也不去接孩子啦！每次我去接她，总是不高兴，我还接她干吗?”程天宇的冷漠伤了爸爸的心。是啊，如果程天宇能敞开自己的心扉，向亲人和朋友们表达自己的情感，让别人感受到来自她的深情，她该会多么幸福啊。金子美铃的《笑》太适合这个孩子啦！

孩子生日那天，老师在屏幕上出示诗的前半部分：

它是美丽的蔷薇色
比罂粟籽还细小
当它散落地上时
像焰火噼噼啪啪
绽放出大朵的花

这时，老师和孩子们玩起小游戏：“这个‘它’是什么?发挥你们的想象猜一猜。”

孩子们动起了脑筋。齐智犹豫着举起手：“是鞭炮?”老师笑着摇摇头。

马子君抢着答：“是蔷薇?”老师不语，继续摇头。

韦一铭小手举得高高：“是苹果，是苹果！”老师继续卖关子。

孩子们还在继续兴趣盎然地猜想，不管答案对与错，他们在享受着学习的快乐。时机成熟，老师出示题目——《笑》。

“笑?”

“哈哈，这是笑啊。”

"太有趣了!"

在孩子兴趣盎然之时，把完整的诗展示出来。

就像眼泪簌簌滑落
如果微笑也会这样滑落
会是多么多么美啊

孩子们兴致勃勃地读起来。然后老师范读、男女生分角色读、指名读等多种方式，反反复复读这首诗。

读完，老师补充诗句：

可爱的天宇啊
如果你的微笑也会这样滑落
会是多么多么美啊

全班孩子都明白了，今天是程天宇的生日。大家要把对她的祝福，通过诗歌传递给她。

程天宇被大家请上讲台。她站在讲台上，全体同学起立，把这首诗送给她。此时的天宇，虽然还略带羞涩，但看得出她的笑挂在了唇边，她的笑写在了心里。

送完诗，老师和天宇对话："你喜欢爸爸吗?"程天宇连连点头。老师温和地告诉她："喜欢爸爸，就应该让爸爸知道你对他的爱。冲爸爸微微一笑，给爸爸一个拥抱，送爸爸一个亲吻。爸爸知道孩子那么爱他，他该有多高兴呀！今天回家就给爸爸一个拥抱，送爸爸一个微笑，好吗?"孩子笑了，郑重地点点头。

晚上，老师收到了程天宇发来的短信：“亲爱的老师，告诉你一个好消息，今天我一进家门，就亲热地叫了爸爸。爸爸高兴地和我拥抱，那一幕真让人感动。还有今天晚上，我和爸爸一起共读，可高兴了。他们共读的内容是导读题中关于家的讨论：

父：家是我下班后的休息的地方。

女：家是我放学后向往的地方。

父：家是我享受天伦之乐的地方。

女：家是我饥饿时享受美味的地方。

父：家是我不断提高素质和学习的地方。

女：家是我受委屈时得到安慰的地方。

父：家是我失意时倾诉的地方。

女：家是我遇到难题时静下来思考的地方。

父：家是我快乐时一起分享的地方。

女：家是我犯错时反省的地方。

…………

一首美妙的诗，穿越了孩子的生命，为孩子编织出美好的生活。今天，老师把《笑》这首诗送给了程天宇，明天，她会把自己的微笑送给亲人和朋友，让他们一起分享幸福与快乐。

▶ [精彩瞬间]

镜头一

这是一个特别爱动的孩子。在家里，他经常被脾气暴躁的妈妈打骂，这使他形成一种既胆小又逆反的性格。来到学校，他的书包里、口袋里，总是装着一些小玩意儿。上课不是玩东西，就是扰乱旁边的同学听讲，没有人愿意和他坐同桌。老师批评他，他一副害怕的表情，可却梗着脖子，又是不服气的样子。老师批评之后，他会在老师转身之际或离开之后，在背后恨恨地说：“再吵我，我就打 119 告你！”他还不知道究竟该打 110 还是 119，心中却充满了怨毒。表扬他，他呆呆地看着你，满腹狐疑地望着你，依然无动于衷。每个老师都对爱动的他束手无策。幼儿园、学前班时，他总是坐在教室的最后一排，成为角落里的孩子。他叫刘景愚。

刘景愚的生日快到了，我找到了金波的《会思考的石头》送给这个孩子。希望这个孩子变得像诗中的那块石头一样沉稳，会思考。

本来打算到商店买一块石头送给他。可是由于事务繁忙，没来得及给他买石头。我就在学校石头堆里找来一块石头，把它洗干净，装在一个精致的小盒子里。刘景愚生日那天，我们全班把诗送给刘景愚，我把这块普通的石头作为生日礼物送给他。

多少孩子羡慕呀，吴越说："我生日那天，哪怕老师送我一根枯树枝，我也要珍藏一辈子。"这首诗也给每一位同学震撼。送完这首诗，上课时每个孩子都端端正正地坐着，静静地思考问题。他们都变成了会思考的石头。张家齐在家里和妈妈共读童书时特别认真。妈妈问他为什么。他说："我要做一块会思考的石头。"

刘景愚在日记里写下了这样的话语：老师送我一块石头，一块会思考的石头，就是希望我做一个像石头一样会思考的孩子。石头是一动不动的，我却动来动去，像鱼一样。做石头就要改掉多动症。我相信，我一定会变成一块石头，一块会思考的石头！

刘景愚慢慢地变了，上课变得安静了。有时，他难免开始做小动作，我就会说："会思考的石头，你在思考什么？"刘景愚就会羞涩地一笑，马上坐端正开始听讲。

这就是生日诗的魅力。生日诗是什么？生日诗是新希望。它渴望遭遇，遭遇许许多多大家司空见惯的、习以为常的事物，然后悄悄地滋润孩子的心灵。当孩子的心灵得到滋养时，我们的教育变得如此简单，如此具有诗意……

镜头二

金宏伟生日时得到了《绿叶映着你的脸》这首诗。

仪式结束，我拦住正要走下讲台的金宏伟，问他：“你栽下一棵树，你的生命就与大地相连。你愿意去种下一棵树吗？你愿意让自己的生命和大地相连吗?”孩子点点头，我看到了他眼中渴望的眼神，“星期六你去影视城种树吧，种下这棵树，你的生命就会与大地相连。”全班同学惊呼起来，流露出羡慕的神情。我告诉孩子们，每个人的生命都会有自己的精彩，你会有生命中最精彩的时刻。

接下来的时间，上课很少发言的金宏伟不断地高高举起小手。我知道，有一棵树已经栽到了孩子的心中，种在山上的树会伴着这棵生命的树苗长成长。

且看这棵生命的树擎日参天。

镜头三

脾气暴躁的张烁玮被数学老师批评了，他一生气，就把自己的数学书撕成两半。我知道了这件事，看到被撕得乱七八糟的课本，既为孩子的行为感到生气，又为孩子感到难过。我没有过多地批评他，而是把数学课本拿走，把他撕烂的数学书装订好。本想把装订好的数学书送给张烁玮，但是这样做孩子只是得到了一本复原的书，并没有起到教育孩子的作用。如果进行一番说教，只能引起孩子的反感。于是我们就在12月2日他生日那天，为张烁玮举行了一个仪式，送上他的生日诗，同时送上我为他重新装订好的课本。

全世界都在对你微笑

今天
你偷偷做了一件事
于是
全世界突然对你微笑起来
绿树对你招手
花儿对你挤眼
小鸟儿在枝头吱喳叫
小草们弯腰齐声说“你好”

而你　张烁炜
只不过　暗暗下了决心
从今要做个好孩子
就这样

突然间
全世界都在对你微笑
（改自金子美玲《全世界都在对你微笑》）

那天，我们把张烁玮的妈妈请来。在简单、朴素、隆重的仪式上，我和孩子的妈妈一起捧着重新装订好的数学课本送给孩子。孩子接过重新装订好的课本。此时此刻，孩子的心灵震撼了。我们感觉到，就在这一刻，这个孩子获得了新生。

▶ [课程反思]

在孩子生命的“黎明”，老师们选择适合孩子特质的诗歌，加以改编，送给孩子。首先，这样的诗会带给孩子深深的感动。孩子的教育，最忌空谈大道理，如果我们只是好的夸两句，差的批评教育一通，就会让孩子变得简单、粗暴、缺乏爱心，变得冷漠、生硬、缺乏快乐。在孩子生日这个特殊的日子，让他们感受到自己是这个世界独一无二的，是这个世界充满活力的，会收到完全不一样的效果。

第二，不一样的儿童有不一样的世界，要想送给孩子契合生命的诗歌，就要读懂这些儿童。然而，要读懂一个孩子的内心世界是多难的一件事啊。所以，给孩子生日送诗，并不是拿一首诗改动几个字就可以送给孩子。我们需要较高的教育学、心理学素养，让我们用理论来指引自己，这样我们就可以比较准确地读懂孩子，送上适合孩子生命特质的生日诗。

生日送诗作为一个课程，对于一个班级来说，可以看成是一个课程，对于一个学生个体来说，六年的小学时光，老师该给孩子选择适合不同年龄阶段的生日诗。

无论如何，我们都应给坚持给孩子生日送诗。我们应该注重这一仪式，假如孩子们能够在这样的时刻，收到老师、家长和同学们由衷的馈赠与祝福，他们的梦幻岛一定会更加生机勃勃；他们的秘密花园里，也一定会增添许多快乐。

二、 阅读课程

阅读，对个体的精神成长至关重要。没有阅读就不可能有个体心灵的成长，不可能有个体精神的完整发育。每一个人的生命都是一粒神奇的种子，童年蕴藏着不为人知的秘密，而阅读能够唤醒这种潜在的美好与神奇。多年来，新教育实验团队一直在探索将阅读课程化，努力使阅读不再仅仅成为语文课的补充，而是学生各科学习和日常教育教学生活中的重要内容。

我们开展的阅读课程，目的在于让学生在阅读中感受文化的魅力，让师生汇聚在伟大事物的周围，穿越在伟大事物之中，吻醒故事和经典，编织诗意的生活，最终让教室里的每一个生命走向卓越。

我们的阅读课程应该是指向生命成长的，是具有文化气息的，是有着自己的学校或者本班文化的。需要通过诵读或共读，与班级中发生的故事以及每个成员有机地结合起来，成为一个生命成长的路程。

我们的阅读课程不是散乱的活动堆积。它需要有一个体系，有一个结构。需要有一条主线，把一串串散乱的珍珠串起来。除了阅读，更重要的是串联。和发生在孩子生命当下的故事串联。课程，应该是教师与学生和父母多方的生命体验。

我们的阅读课程需要努力把各科任课教师融合进来，让学生在阅读、理解、音乐、舞蹈、美术等方面同时得到发展。同时，让各科老师也因为一个课程感受到自我的价值，让教育生命也因课程而丰盈。

（一）花之咏：

一朵花，就是一个许诺的奇迹——丁香班“花之咏”古诗词晨诵课程

党玲芬

▶ [课程主题诗]

我不说话
我挺直身子
因为我知道
我不是草
而是花
美丽的丁香花
我要用我的花来证明我的存在

——丁香班班诗《我要开花》

▶ [课程准备]

结合班级文化的核心理念“播种，生长，安静，开花”，在四年级下学期到五年级上学期的一年里，我以大自然中花开的顺序，冬天梅花，春天桃花，夏天荷花，秋天菊花做了古诗词晨诵课程，其中穿插整本书共读、种植、口风琴、班币等活动，整合起来成为一个系列的“花之咏”古诗词课程。

“花之咏”古诗词晨诵课程要实现的目标有三：一是带领学生在诵读中感受古诗词的经典文化魅力；二是把音乐、美术、活动等结合起来，形成良好的班级文化氛围；三是运用班币制度，结合“新教育道德发展三境界、六阶段”道德图谱，把花的精神气质内化为学生的行为素养。

“花之咏”古诗词晨诵课程的开展要做如下准备工作：首先，教师首先要阅读相关古诗词书籍，如叶嘉莹《唐宋词十七讲》、王国维《人间词话》等诗词解读书籍，掌握基本的诗词解读知识。其次，和音乐、美术老师通力合作，提前准备与课程相关的事情，比如选择合适的口风琴乐曲、主题歌曲、准备主题曲欣赏、诗配画需要学习的知识等。第三，选择要进行整本书共读书目，与课程主题相结合，设置共读活动，明白要达到的目

标，使之与课程成为一个整体。第四，班级管理与课程相结合，设置班币等规则制度，结合道德发展图谱，贯穿整个课程，进行家校合作沟通，把课程内化到自己的行为素养之中。

[课程实施]

1. 确定内容与形式

我们“花之咏”古诗词晨诵课程的主题诗是纪伯伦的《花之咏》。另外选取梅花诗词 13 首，主题曲是古筝《梅花三弄》；桃花诗词 12 首，主题曲是古筝《人面桃花》；荷花诗词 9 首，主题曲是古筝《江南》；菊花诗词 9 首，主题曲是古筝《琵琶语》。

贯穿一年的“花之咏”诗词课程中，每个小课程的设置，基本上都是把朗诵、解读、美术、音乐、亲子活动等结合起来（见下表）。课堂上的情景朗诵，让学生们对大自然逐渐敏感，心灵也逐渐温润。通过对意象、有我之境、无我之境、比兴等诗歌知识的了解，教给学生解读诗歌的武器。美术课上，围绕所读诗歌进行配画，美术老师做相关指导。音乐课上，音乐老师教孩子们学唱主题歌曲，或用口风琴吹奏主题歌曲。暮省，结合道德发展图谱进行写作反思。一个小课程结束之后，家长孩子齐聚一堂，或在多媒体教室，或在公园，或在湖边，诵读诗词，唱主题歌，吹奏主题曲，展示相关作品，进行亲子活动。课程结束后，全班进行“花之咏”课程叙事。

<table>
<tr><th>主题</th><th>时间</th><th>晨诵</th><th>音乐</th><th>阅读</th><th>写作</th><th>活动</th></tr>
<tr><td rowspan="8">荷花诗词之旅</td><td rowspan="8">三周</td><td>《江南》</td><td rowspan="8">学唱《江南》《采莲曲》《荷塘月色》，口风琴吹奏《荷塘月色》</td><td rowspan="8">朱自清《荷塘月色》</td><td rowspan="8">描写荷花景物作文、与荷花品格相关文章</td><td rowspan="8">滨河公园荷花亭聚会，诵读荷花诗，唱荷花曲，展示荷花手抄报</td></tr>
<tr><td>《青阳渡》</td></tr>
<tr><td>《西洲曲》</td></tr>
<tr><td>《古诗十九首》</td></tr>
<tr><td>《小池》</td></tr>
<tr><td>《晓出净慈寺送林子方》</td></tr>
<tr><td>《采莲曲》</td></tr>
<tr><td>《爱莲说》</td></tr>
</table>

2. 课程实施过程

（1）开启：讲台上的腊梅。

新学期的讲台上，放着一束插在水瓶里的腊梅花，浓浓的香味弥漫在教室里。

这束腊梅是有故事的。

寒假里，我和党曼、王可、姚金哲三个女孩子到滨河公园玩，公园里的腊梅开得正热闹，在阳光下闪着淡黄的光，散发着浓浓的香。可是，地上却到处都是被人折下又抛弃的腊梅枝，有的花已经枯萎，有许多花苞还未开放。三个女孩子小心翼翼地捡起这些花枝，用橡皮筋把它们扎成一束，到家后插在水瓶里，经过两三天清水的滋润，腊梅花也水润多了。更重要的是，新的学期，我们的“花之咏”古诗词晨诵课程要从梅花启程，这真是奇妙的缘分。

我用了一节课，对我们这学期的课程生活做了展望，孩子们眼睛中也充满了期待。这束腊梅花，在我们每个人的眼睛里，也似乎正在散发出绽开的声响。我们也知道，之后的教室里，还会有桃花、菊花等众多的花束。我们更知道，伴随我们的不仅仅是花的味道，浸染在我们心底的是花的内涵。

那么好吧，新的学期，就这样开始吧。

（2）诗词：冬日里早梅的幽香。

梅花岁末遇雪而不枯，众芳摇落而独放，花香袭人，风韵超脱。最早开放的梅花会是怎样一种姿态？

唐朝张谓的《早梅》出现在孩子们面前。

早　梅

（唐）张谓

一树寒梅白玉条，
迥临村路傍溪桥。
不知近水花先发，
疑是经冬雪未销。

《梅花三弄》的古筝曲在教室里流淌开来。讲台上水瓶里的腊梅花发出浓浓的香味。

“你的脑子里映现出了一幅怎样的画面？”我问。

“刚下过雪，到处都是银装素裹。我推开门，沿着弯弯曲曲的小路，来到小桥边。突然被奇异的花香吸引，走近一看，果然，白雪覆盖的枝条上，竟然藏着几朵早开的梅花。是不是这株梅树因为靠近溪水，所以先开了呢？”赵昕颇用优美的语言把我们带入了诗中。

“既然是早梅，你又从哪里感受到了‘早’?”PPT 上展现的是一幅早梅图。

“一树寒梅白玉条——正是寒冬时节，大雪纷飞，这株梅花便悄然开放了。”

“不知近水花先发，疑是经冬雪未销——诗人的惊奇让我感到了早。”

孩子们你一言我一语。

“这株早开的梅花留给了你怎样的印象?”

“梅花在冬天开放，不和百花争春，是不是因为它‘迥临村路傍溪桥?’”

“那你们觉得这株梅花为谁而开?”

“为诗人而开。”

“为自己而开。”

还有孩子说：“也为我们而开。”

大家都笑了。正如讲台上这束腊梅，不是给我们带来了欢乐与幸福吗？因为一枝梅，整个冬天都有了变化，我们的心也因此而静谧。

之后，我要求同学们给这首诗配画。

下午正好有节美术课，请美术老师指点孩子画梅花。孩子们学得很认真，配的画也像模像样。美中不足的是，画与诗是分离的，有的孩子还特地画上绿草、太阳。

于是，我决定点拨他们。

“你觉得这幅画中，哪些景物最能画出这首诗的内涵?”

“梅花。”

“枝条上还有雪，梅花的红色要若隐若现。”

“要有房子，小路，小桥，溪水。”

“还要有人。”

是啊，孩子们回忆起了安阳市南关小学的徐文祥老师带来的那首《鸟鸣涧》。徐老师在讲那首诗时，说一幅中国画当中，人总是隐性存在的。从房屋、脚印、小船，炊烟等景物中可以看得出。

有的孩子说：那就不要让人出现，在雪地里留下一串脚印不是更好?

“好香啊!”有孩子夸张地大喊。

讲台上的腊梅香气四溢，和它一样散发着香气的，还有这些诗，契入孩子们生命中的诗。

（3）共读：女孩子与《夏洛的网》

虽说节气已过春分，但天气要么阴沉如冬，要么风吹得黄沙四起，我还又翻出羽绒服穿上，感觉又被裹在了冬天里。陈星和张恒铭的家长已经为孩子们打印好了桃花诗词，一个旅程的结束，也正是另一个旅程的开始。

《桃夭》是我们桃花诗词之旅的第一首诗。课间，我正在办公室最后一次修改晨诵的 PPT。教室里，一个女孩子和一个男孩子扭打在一起，同学们拉了半天都没拉开。最后，这个女孩子还是很愤愤不平地指着那个男孩子，狠狠地说了句要和他没完没了。这是个中途转到我们班级的女孩子，因为种种复杂的原因，她总是被同学排斥，她也总是选择用这种极端的方式，来表达自己的渴望和愤怒。但是，她又是很勤奋很努力的女孩子，喜欢画画与写作。她不断地证明着自己的优秀，又不断地重复着犯错。她在矛盾中挣扎着，成长着。

上课铃响了，陈星妈妈推门进来，手里拿着一束桃花，粉色的花瓣，青绿的嫩叶。教室里的气氛一下子轻松起来，孩子们开始赞叹起桃花来，前排的几个孩子都探头过来深呼吸，闻着桃花的香。不知是谁打了个喷嚏，可能是被花粉呛的，但是很夸张。孩子们都笑了，我也跟着笑了起来，小小的不愉快，就被这几枝桃花一笔带过了。

我们把《桃夭》这首诗送给了那个女孩子，希望她也能成为诗中那个美丽的女子，能够给她所爱的人带去幸福。我们还一起读起了二年级时候读过的小诗——《我们喜欢的女孩》，相信她会成为我们所喜欢的女孩子。

课下，有孩子悄悄告诉我，那个女孩子哭了。

（4）种植：春天里的播种。

因为这个女孩子，我开始在班级开展《夏洛的网》共读，希望孩子们懂得友情、生命、编织等含义。也希望她通过这本书的共读，能够找寻到自己生命的价值，用合适的方式来赢得友谊，与同学们一起编织美好的生活。在共读的过程中，我很留心她的随笔，从文字中去读懂这个女孩子内心隐藏的某些情感。

在《夏洛的网》共读中，这个女孩子慢慢地变了。但是，我觉得教育绝不是一蹴而就的事情，我也不奢望出现一件事情就可以转化某个孩子的奇迹，但我希望带给他们美好的事物，在这些美好的事物的浸润下，他们会慢慢地自我觉醒，学会自我教育。

因此，随着共读《夏洛的网》，伴随着“花之咏”诗词课程，我们丁香班种植活动正式启动。以小组为单位，每个小组共同种下花的种子，共同培育呵护，直至开出花儿来。每个小组选择属于自己的花盆，选择种子，播种，看护，浇水，记录小组循环日记。在记录循环日记的时候，除了记录观察到的内容，还要结合小组每个孩子的表现，从学习、行为、品质等各方面进行总结，或表扬，或给予期待。

有天我读到了这个女孩子的日记：

寻找新的自我

我性格孤僻，不爱和同学们交流，还经常以自己的方式做事，同学们不喜欢我，我也总是选择用自卫的方法，比如打架、骂人、甚至撕同学的书，来表达自己的愤怒。

我读了《夏洛的网》，老师又让我们种花，写小组循环日记，看着这些柔弱的小嫩芽，我被震撼了。我存在的价值究竟是什么呢？我喜欢画画和写作，难道我不能像夏洛那样，使自己生活的有意义吗？

…………

她这样写，也在努力这样做。一年里，在口风琴队的训练中，她已经能够和同学们和睦相处，学会了忍让；在我们丁香班的读书会上，她能够表达清楚地谈自己对某本书的理解；在我们丁香班的大讲堂上，她也能够大大方方地给大家讲《上下五千年》，她的作文写得越来越棒，她的画也画得越来越漂亮……同学们逐渐开始对她刮目相看，甚至还推选她为班级的值日班长。

（5）聚会：夏日里荷花的清香。

七月，我们的“花之咏”古诗词晨诵课程要走入荷花课程了。时间正是暑假，滨河公园荷花池里的荷花相继盛开。我和班上的家长们商讨，决定将荷花诗词之旅办成我们这个暑假的一次盛宴。

暑假开始，每个孩子手里都有一份荷花诗词阅读单，这些书从荷花文化开始，为孩子们讲述了荷花的文化和镜像。阅读单里还有荷花诗词推荐与赏析，从我国最早的关于荷花的诗歌单句开始，历经汉乐府民歌、晋乐府民歌、南朝乐府民歌，到唐宋时期描写荷花的诗词，最后选取了宋朝周敦颐的小古文《爱莲说》，让父母和孩子一起诵读。同时，我安排了荷花主题作业，相约在8月中旬一起到荷花池旁的荷花亭进行荷花诗词聚会。

荷花主题作业：

1. 在《晨诵》本上抄写诗文，配画。
2. 每天给家长朗读诗文（带注释）、背诵。
3. 百度搜索《江南》《荷塘月色》等与荷花有关的歌，并学唱。

4. 到滨河公园去观赏荷花，拍照或画画。

5. 写四篇关于荷花的随笔，字数不少于400字，写在作文格稿纸上。（要求：从不同角度，表达不同的主题，可以是景物作文，可以是与荷花诗词有关的作文，可以是由荷花想到人物品质的作文，也可以是读以上某首诗的感悟，同时发表在博客上。）

6. 办一张以荷花为主题的手抄报，呈现在8开图画纸上。

作业评比：

背诵之星，配画之星，荷花歌手，风采之星，写作之星，手抄报能手。

展览：

配画，照片，荷花画，随笔，手抄报。

（6）携手：此花开尽更无花。

进入新的学期，秋意正浓的时候，我们的菊花诗词之旅启动。同时，这个学期，在对菊的吟唱中，结合道德发展图谱，和每周给家长写信的活动，我们的班币制度也开始实行。记得那天，赵佳鑫的妈妈给我们教室搬来了一盆开得很盛的菊花，大家围在菊花旁，笑脸和菊花一样灿烂。

我们的晨诵就从了解菊花开始。幻灯片里，是我搜集的菊花图片：雪白的“银丝串珠”“珠帘飞瀑”，金黄的“沉香托桂”，淡绿的“绿阳春”，白中带绿的“玉蟹冰盘”等。我们的菊花诗词之旅，依次是《饮酒诗》（其五）、《醉花阴·重阳》《过故人庄》《重阳席上赋白菊》《采桑子·重阳》《菊花》，在对菊花诗的学习中，我给孩子们讲述了“有我之境”和“无我之境”。对比陶渊明的《饮酒》与李清照的《醉花阴》。下课便有孩子追着我问哪里可以买王国维的《人间词话》。音乐课时，我们开始学唱周杰伦的《菊花台》，并且用口风琴来吹奏这首歌。孩子们的诗配画也精美绝伦。

菊花诗词之旅结束后，全班的孩子和家长齐聚滨河公园，大家在班旗的指引下集合。我们来到树林中，找了一片空地，在青草与太阳交织中，打开随身听，播放着伴奏，回顾我们的诗歌之旅。一首首诗歌把我们带入了我们曾经共同的生活，我们唱起周杰伦的《菊花台》，家长朋友忙着拍照。之后，我们围成一个圈，开始节目展示。大家坐在草地上，有落叶飘落，翩翩起舞，更增添几分秋意。孩子们表演了笛子小合奏、独唱、诗朗诵、笛子独奏、口风琴独奏、小品、相声、舞蹈……孩子们在大自然的怀抱中，肆意欢笑。有孩子开始推荐自己喜爱的课外书了。大家听得认真，最后还你争我抢地提问，这是阅读带给我们的欢乐。

最后，那些九月份开学时，班币不够交座位费的孩子，经过自己的努力，有十二个孩子被奖励班币，交上了座位费。剩下交不起座位费的三个孩子惭愧了，眼圈发红，他们只好开学进行打扫卫生或者为班级做好事来挣座位费了。我们的宗旨是：只要你勤奋，肯努力，你就会有所收获。

活动结束后，大家在湖边自由地玩儿，看着夕阳西斜，天色将晚，才依依不舍地返回。

3. 课程告别仪式

学期末，为期一年的“花之咏”诗词课程结束了。在学校的多媒体教室，持续两个小时的时间里，我们和父母们一起，举行了简单却隆重的告别仪式。近 200 张的幻灯片里，是我们一年的旅程。

序幕从一年前讲台上的那束腊梅花拉开，四个主持人为我们讲述腊梅花的故事。在赵昕岍演奏的《梅花三弄》的古筝声中，从唐朝张谓的那束早梅开始，孩子们开始朗诵梅花诗，走过自然之梅、思念之梅和人格之梅。梅花的清香在古筝曲里弥漫在空气中。

春天来了，桃花开了。孩子们站到两侧，那个曾经在教室里和男孩子扭打的女孩子走到了舞台的中央，讲述自己一年来的成长故事，自己怎样从孤独的角落，成为了美好事物的中心。幻灯片上，出现了我们共读《夏洛的网》时的照片，还有我们的读书笔记；出现几个人围在一块儿，我们的种植课程开始的场景；出现几个代表小组开始朗读自己的循环日记的时刻。春天就这样在等待与成长中悄然走过。

夏天到了，孩子们站成斜排，《江南》的曲调拨响了，幻灯片上出现了我们欢聚滨河公园荷花池的场景。从最早的荷花单句开始，一路走过晋朝、南朝，来到唐朝和宋朝，我们一起唱起了《荷塘月色》、周敦颐的《爱莲说》，我们重温君子的超逸。

秋天在《琵琶语》的古筝曲中来了。读着陶渊明的《饮酒》和《和郭主簿》，我们也在追问着自己的生命。幻灯片上显示着我们的班币与“工资本”，还有家校往来的信件。在崔帆老师的指挥下，孩子们手里拿着口风琴，吹奏起苏轼的《水调歌头》——“但愿人长久，千里共婵娟”。我们多么希望这美好的时刻，可以永久地停留在这一瞬间。

最后，我们齐读根据纪伯伦的原作改编的《花之咏》——

我是一句话，
大自然把我吐了出来，
又把我收了回去，

藏在她的心室里。
…………

丁香班的孩子们啊，
我们永远仰目朝天，
不是为了看到幻想，
而是为了看到光明。

丁香班的孩子们啊，
我，你，我们，
也都是一朵朵花，
一朵朵更美更艳丽的花呀，
一朵朵生命之花，
在每一天的黎明绽放。

丁香班的孩子们啊，
我们就是这样，
努力地生长，
努力使自己的生命开出一朵花。
我们也确信，
我们是丁香花，
我们要开花，
因为我们知道我们拥有美丽的花。
…………

当这些句子一遍遍地被我们读起的时候，我们每个人都是热泪盈眶。在我们为着一个相同的目标行进的时候，你，我，他，怎么会不汇聚成“我们”?

是的，唯有岁月，才能给种子以证明。

▶ [精彩瞬间]

梅花之语

——我们的“梅花诗词之旅”

丁香班　赵昕頔

“梅须逊雪三分白，雪却输梅一段香”。是啊，梅花虽没有雪花的晶莹洁白，但是发出的清香却远远胜过雪花。

这几天，我们学习了梅花诗词，这些诗词使我们产生了对梅花的喜爱之情，梅花的品质和精神也在时时激励着我们。特别是昨天的晨诵课上，老师为我们的13首梅花古诗词串了词，而我们都如痴如醉地聆听着，品味着诗人的思想感情。我觉得梅花是那样的洁白、清香，那样招人喜爱。它们有着许多勇敢、顽强和不怕困难的精神。我要学习梅花永不放弃、坚韧不拔的性格。在生活中，我做题，遇到一丁点儿不会做的难题，就选择了放弃与退缩。有一次，老师布置作业，说了一道思考题，让我们选做。结果，我回到家，只把题看了一遍，压根儿就没做。梅花让我明白了，做什么事要勇往直前，不能退缩，要向梅花一样，即使在冰天雪地的冬天，依旧要绚烂地开放。

我们在姜育恒的《梅花三弄》这首歌中结束了梅花诗词的旅程。这次的梅花之旅陪伴了我们将近一个月的时间。现在就要与它告别了，我们都万分舍不得，因为，梅花的种子已经深深地埋在我们的心田里，生根发芽！

▶ [课程反思]

通过“花之咏”古诗词晨诵课程的实践，对课程做了一些思考：

首先，需要懂得卓越课程是指向生命成长的，是具有文化气息的，是有着自己的学校或者本班文化的。我们的“花之咏”古诗词晨诵课程，就是建立在我们班级核心理念的基础上，希望孩子可以通过与花相关的诗词的诵读，同时与班级中发生的故事以及每个成员有机地结合起来，成为一个生命成长的路程。

其次，课程不是散乱的活动堆积，它需要有一个体系，有一个结构。需要有一条主线，把一串串散乱的珍珠串起来。在我们为期一年的“花之咏”古诗词晨诵课程中，除了诵读，更重要的是串联：和发生在孩子生命当下的故事串联，与整本书共读串联，与种植课程串联，与班币制度串联，与和父母的沟通串联。课程，应该是教师与学生和父母多方共同的生命体验。

第三，打造班级课程的共同体，激发各科老师的参与度。我们的“花之咏”古诗词晨诵课程，从表面上来看是一个阅读为主的课程，但是我们的音乐老师和美术老师付出了大量的心血。正因为他们的配合，孩子们在课程主题曲的演奏上和诗配画上才会有一定的突破。同时，各科老师也因为一个课程感受到了自我的价值，教育生命也因课程而丰盈。

（二）品读苏轼：

也无风雨也无晴——苏轼诗词阅读课程

代昆鹏

▶ [课程主题诗]

夜读东坡醉酩酊，
倏然梦归临皋亭。
忽闻云中孤雁鸣，
又见江心寒涛惊。
穷僻黄州藏天意，
潇洒坡公听水声。
此身虽已非我有，
暂借风浪忘营营。

——代昆鹏读苏东坡有感

▶ [课程准备]

苏轼是中国古代最具代表性的文人之一，他的处世哲学对后代文人来说是很好的范式。通过对苏轼个案的剖析，我们可以对古代知识分子有较为清晰的了解。研究他，对现代人人格的重构也有着积极的意义。

这个课程是针对高中学生设计的，基于学生已有了关于苏轼的阅读基础，课程开展时，老师可做以下准备：

首先，为学生推荐自读书目及苏轼的诗词，以供学生阅读，从他人写苏轼的文章和苏轼自己的诗词中读懂苏轼这个人的经历。

其次，教师广泛阅读并研究苏轼的诗词，从苏轼所处的背景来了解苏轼当时的诗词，再从重大事件的转变理解苏轼向苏东坡的转变，与余秋雨《苏东坡突围》一文互相参照、比较阅读，感受独属于苏东坡的勇于自省，知行合一，穷而兼善天下，旷达超然潇洒。

第三，与学生的生命相互印证，指导学生写人物评论文字，并从中获得对自己对生活的态度的启发。

▶ [课程实施]

1. 学生初读整理

首先，老师为学生推荐书目，或帮助学生了解苏轼的书目，并布置必须熟读并赏析的苏轼诗词篇目：

推荐书目：

1.《苏东坡传》(上、下)　李一冰著　江苏文艺出版社

2.《苏东坡传》　林语堂著　宋碧云译　武汉出版社

3.《苏东坡传》　林语堂著　张振玉译　陕西师范大学出版社

4.《苏轼传》　王水照　崔铭著　天津人民出版社

5.《漫话东坡》　莫砺峰著　凤凰出版社

6.《苏轼图传》　曾枣庄著　河北人民出版社

7.《康震评说苏东坡》　康震著　中华书局

8.《说苏轼》　黄玉峰著　上海辞书出版社

9.《苏轼词集》　刘石导读　上海古籍出版社

10.《文人的理想品格》　张亚新著　济南出版社

11.《走近苏东坡》　李国文著　东方出版社

12.《阅读苏轼》　朱刚著　南京大学出版社

13.《苏轼：一蓑烟雨任平生》　桃花潭水著　哈尔滨出版社

14.《人间有味是清欢——苏轼的词与情》　西坡著　石油工业出版社

15.《山居笔记》之《苏东坡突围》　余秋雨著　文汇出版社

16.《中国人的心灵》之《缥缈孤鸿》　鲍鹏山著　复旦大学出版社

以上作品(15、16除外)，任选两本，争取一个月时间读完。

必读篇目：

《登云龙山》

《答李端叔书》

《记承天寺夜游》

《东坡八首》(其一)

《江城子·密州出猎》

《念奴娇·赤壁怀古》

《沁园春·孤馆灯青》

《水调歌头·明月几时有》

《定风波·莫听穿林打叶声》

《定风波·常羡人间琢玉郎》

《临江仙·夜饮东坡醒复醉》

《卜算子·黄州定惠院寓居作》

《南乡子·和杨元素时移守密州》

《浣溪沙·游蕲水清泉寺》

《前赤壁赋》《后赤壁赋》

其次，学生自读后，结合诗句，用一两个词概括作者情感，主要凭自己感觉和对作品的理解，不要借助资料。如《定风波》可以概括为“旷达”或是“洒脱”。如果难度太大，学生概括不出，老师提示20个左右的词语，让学生选择，对号入座，并说明理由。豪放、旷达、疏狂、张扬、孤独、悲戚、伤感、痛苦、惶惑、潇洒、超然、疲惫、自负、凄凉、平和、宁静、淡定、坦荡、知足、惊惧、空虚、愧疚、迷茫、困顿、窘迫、自省、悲愤……

第三，概括之后，借助网络查出每首诗词的写作时间和苏轼当时的身份，然后根据创作时间的先后排出顺序。这样做的目的，是想让学生了解，苏轼在不同的人生阶段所写的诗词文赋中蕴藏的思想感情有很大差别，而这不同的人生阶段所呈现出的不同的思想感情，其实也代表着他不同的人生境界。

例如：《江城子·密州出猎》→豪放，熙宁八年（1075）十月时任密州知州

《答李端叔书》→自省，元丰三年（1080）十二月贬官黄州

《东坡八首》（其一）→疲惫，元丰四年（1081）农夫躬耕东坡

《定风波·莫听穿林打叶声》→超然洒脱，元丰五年（1082）三月七日东坡居士

《赤壁赋》→旷达，元丰五年（1082）七月十六东坡居士

2. 老师引导阅读

（1）论世知人。

“东坡居士”这个号出现在黄州。他怎么到的黄州？为什么是在黄州而不是在其他地方自号“东坡居士”？我们需要深入了解当时的背景。背

景比较复杂，推荐书目中部分书籍介绍得比较详细，网络上也可以查到相关资料，可以让学生自行查阅，或者老师整理好直接打印发给学生。

北宋神宗元丰二年（1079），新党人物李定、舒亶、何正臣等人为排除异己，便拿反对变法的旧党人物开刀，而苏轼因其名气和声望首当其冲。李定等人故意歪曲其诗，摘引苏轼的《湖州谢上表》和《元丰续添苏子瞻学士钱塘集全册》中的字句上书弹劾，以文字“讥讽时政”“谤讪君上”的罪名把苏轼从湖州知州任上捉拿到御史台受审。因为御史台官署内遍植柏树，树上常有乌鸦栖息筑巢，故御史台又被称为“乌台”，苏轼之案因诗而起，所以这一事件史称“乌台诗案”。

李定等人欲置苏轼于死地而后快，幸有众多大臣，包括已退休的范镇、张方平，当朝左相吴充，王安石的弟弟王安礼等人仗义执言，更有神宗皇帝的祖母光献太皇太后的救助，再加上宋太祖赵匡胤定下的不杀士大夫的国策，他才得以免除死罪。

“乌台诗案”的实质是新旧两党之间的政治斗争，而苏轼只不过是历史舞台中错步上前的牺牲品和替罪羊。但不管怎样，他总是被人抓住了诗中讥讽新法的把柄，死罪虽可饶，活罪却难免。元丰二年（1079）十二月二十九日，苏轼出狱。从八月十八日入狱算起，已历时四个月又十二天。其间辛酸苦楚，可以从一位曾被关在同一监狱、与苏轼牢房只有一墙之隔的官员诗中看到：遥怜北户吴兴（湖州）守，诟辱通宵不忍闻。

出狱后，苏轼责授检校尚书、水部员外郎充黄州团练副使，本州安置，不得签书公事。宋代尚书省六部内，郎中之下置员外郎，那是北宋一十九品官阶中最低的一级；职名虽是黄州团练副使（佐理该州兵役事务的小官），然而附有规定“不得签书公事”，也就是没有行政处置权，所以也只是一个空衔。还有一句话更严重：“本州安置”。这就如现行法上的限制居住，就是苏轼只能在黄州地界活动，不得擅离，想要出黄州必须向知州请示，经批准后方可。苏轼虽然已经出狱，但所获得的自由也极其有限，不过是有着官员身份的囚犯。和正常调任不同，被贬官员必须即刻动身。元丰三年（1080）大年初一，出狱后刚刚过了一天，汴梁城中，家家都在欢度新年，繁华满眼，苏轼却只能收拾行囊，在长子苏迈陪同下，被御史台的差役押着，匆匆忙忙离开京城，踏上严寒的征途。

二月初一，经过一个月的跋涉，终于到达黄州。

余秋雨在《苏东坡突围》中以极细腻的笔法传神地写出苏轼当时的窘迫：“他很疲倦，他很狼狈，出汴梁、过河南、渡淮河、进湖北、抵黄州，萧条的黄州没有给他预备任何住所，他只得在一所寺庙中住下。他擦一把脸，喘一口气，四周一片静寂，连一个朋友也没有，他闭上眼睛摇了摇头。”

这一年，苏轼虚岁 45，周岁 44。而 23 年前，他凭一篇《刑赏忠厚之至论》获得欧阳修的激赏，高中礼部考试第二名，名动天下。19 年前，他

中制科考试，入第三等，为百年第一。之后，他辗转凤翔、杭州、密州、徐州、湖州各地为官，政绩卓著。

他是以天仙才子、良吏能臣的身份被诬陷而贬官到黄州的。但是，奇怪的是，他却在这个被贬谪之地焕发出生命的伟力！原因何在？苏轼四十多年的人生，走过的地方很多，其中包括杭州这样的人间天堂，不少地方远比黄州美丽，可为什么一个僻远的黄州能够成为他一生中最重要的人生驿站？我们细读苏轼全集，会发现他最重要、成就最高的文学作品差不多都是写于黄州时期，黄州带给他的惊喜和震动远远超出我们的想象。

“这一切，就决定于他来黄州的原因和心态。”余秋雨在《苏东坡突围》中这样写道：“他从监狱里走来，他带着一个极小的官职，实际上以一个流放罪犯的身份走来，他带着官场和文坛泼给他的浑身脏水走来，他满心侥幸又满心绝望地走来。他被人押着，远离自己的家眷，没有资格选择黄州之外的任何一个地方，朝着这个当时还很荒凉的小镇走来。”

我们清楚了乌台诗案给苏轼带来的伤害，就会了解黄州对于他的重要性。这种身份的落差，让他跌入人生的低谷。“人类的最大痛苦并不在于一无所有，而是拥有一切后再失去。”（《明朝那些事儿》）现在的苏轼，正在经历这样的痛苦。人，只有在经历巨大痛苦之后，才能明白生活的意义和价值，而黄州，就是苏轼破茧成蝶、凤凰涅槃的地方。

（2）天壤之别。

结合前面必读篇目的学习，引导学生深入了解苏轼身上发生的变化。

身份地位：从太守使君到贬官罪人、从天仙才子到垦荒农夫。

生活境遇：从富足无忧到捉襟见肘。

心灵感触：从孤寂凄惶到超然潇洒。

诗词风格：从豪放到孤独再到旷达。

人生境界：从张扬到自省再到前无古人后无来者的旷达。

（3）破茧成蝶。

虽然北宋是封建社会官员俸禄最高的朝代，虽然苏轼做了二十年官，但是他好交游，朋友多，乐于助人，花钱又没有计划，大手大脚，所以根本没有太多积蓄。而在黄州，作为贬官的他，几乎是没有工资的。日子还得往下过，一家老小二十口人要养活，怎么办？

好友马梦得帮他向州郡申请到一片废弃的营地，可以辟作农田。从此开始，苏轼便把士大夫的长袍换成乡野村夫的短打，亲自垦荒耕种，摇身一变，从原来的名动朝野的天仙才子变成面朝黄土背朝天的农夫。从此，他的视角发生变化，原来是俯视百姓，现在自己也成了平民百姓。艰苦的物质生活，让他体味到自然和生命的原始意味。诗词风格也随之发生变化，原来像李白，现在又多了杜甫的成分，既看头顶蓝天，又看脚下黄土。

在黄州，苏轼肉体经历苦难的同时，灵魂也在深刻反省。他陷入了精神困顿之中，开始自我追问，不再张扬狂放，变得含蓄内敛。他在《答李端叔书》中这样写道："轼少年时，读书作文，专为应举而已。既及进士第，贪得不已，又举制策，其实何所有。而其科号为直言极谏，故每纷然诵说古今，考论是非，以应其名耳，人苦不自知，既以此得，因以为实能之，故譊譊至今，坐此得罪几死……真可笑也。……得罪以来，深自闭塞，扁舟草履，放浪山水间，与樵渔杂处，往往为醉人所推骂。辄自喜渐不为人识。木有瘿，石有晕，犀有通，以取妍于人，皆物之病也。谪居无事，默自观省，回视三十年以来所为，多其病者。足下所见，皆故我，非今我也。"

3. 深入解读东坡

结合余秋雨《苏东坡突围》最后四段，引导学生认识苏轼在黄州改变的思想基础。

因为乌台诗案，也因为现实苦难，他不得不变，开始进一步接受佛道思想，借以解脱痛苦、抚平创伤。在《卜算子·黄州定惠院寓居作》《记承天寺夜游》《黄州安国寺记》和后《赤壁赋》中，我们便可以看到与佛道相关的经历与思想。但苏轼又和白居易、王维不同，后二者皈依佛老之后以消极的淡然的态度对待世事，满足于一己之清静与闲适，而苏轼虽学佛老，却并不沉湎其中，出世之学仍以入世为根底，儒家思想仍是他精神的重要支柱。《与李公择书》有这样的句子："吾侪虽老且穷，而道理贯心肝，忠义填骨髓，直须谈笑于死生之际，……虽怀坎壈于时，遇事有可尊主泽民者，便忘躯为之，祸福得丧，付与造物。"这些话足可为证！如果一变而全然忘记世间，那就不是苏东坡了！

"天将降大任于斯人也，必先苦其心志，劳其筋骨，饿其体肤，空乏其身，行拂乱其所为，然后动心忍性，增益其所不能。"黄州的苏轼，先是"深自闭塞，扁舟草履，放浪山水间，与樵渔杂处"（《答李端叔书》）；后来又拿起来原来并不熟悉的耒锸，在朋友帮忙申请得来的那块五十亩的斜坡上，面朝黄土背朝天，捡拾瓦砾开垦耕种，"筋力殆尽"汗如雨下。因为积蓄所剩无几，他不得不一改原来做官时的生活习惯，压缩开支，重新去品味平民百姓的甘苦；因为朋友不在身边，他不得不让自己面对空寂无人的山水，观照内心，与自己的内心和灵魂进行对话。他用自己的行为，逐条践行孟子的训诫教导，也最终成为孟子笔下经历忧患之后的那种担当大任之人。而千载之后，我们依然可以透过他的经历和诗词文赋看到只属于苏东坡的勇于自省，知行合一，穷而兼善天下，旷达超然潇洒。

▶ [精彩瞬间]

学生评论作品选摘

苏轼在黄州改变的并不仅仅是名字。在黄州的狼狈不堪与在朝中的意气风发俨然形成鲜明对比，这种落差对于苏轼而言无疑是当头一棒。“乌台诗案”前的苏轼有着令人羡慕的才华，有着值得骄傲的资本，人生也一帆风顺。以至于初到黄州时他根本无法适应，一下子就陷入了迷茫、窘迫。面对眼前的萧条，他只得叹息一声，转身留下同样萧条的背影。他满腹才华没人赏识，也不能解决自己的温饱问题，他曾经骄傲的资本已经不能使他骄傲。黄州抹去了苏轼的锐气，取而代之的是苏东坡的从容；黄州让苏轼开始反省自己，成就了潇洒的苏东坡。

黄州是苏轼的“终点”，也是苏东坡的“起点”。一个人生的转角，一片荒废的坡地迎来了满心侥幸又满心绝望的苏轼，送走了吟啸且徐行的旷达的苏东坡。

徐雨晴《寂灭后的再生》

苦难和迫害，没能将苏东坡打垮，却让他更加乐观豁达，回顾自己颠沛的一生反而引以为豪，“九死南荒吾不恨，兹游奇绝冠平生!”面对风雨，苏东坡坚持自己的人格和心志，寻找到沉睡在内心深处的更优秀的自己，与诗词歌赋相依为命。一面体验着“诗能穷人”的尴尬处境，一面又轩昂着“诗穷而后工”的独特感受。这样独特的人生价值观，是他的灵魂和气质，风骨和诗胆。千年后，他的丰富和深沉、天真和质朴仍如封存的醇酒，浓香醉人!

彭盛楠《他是苏东坡》

这是一次磨砺，也是一个契机。是寂灭后的重生，是彩凤涅槃。御史台的审问将苏轼身上的漆蹭去，露出沉睡的苏东坡，正努力醒来的苏东坡。

黄州，一个美妙而神奇的地方，简直孕育了半个宋代文学，造就了整个民族、历史的奇迹。他开始了反思。也凭着禅宗、老庄思想的完美应用，而日渐沉静、泰然和旷达。苏东坡终于醒来!

有时间、有能力的话，我会去那个黄州看看，只因为他曾经在，也一直在。

一世不够，还引了万代为他琢磨，为他痴迷。

索一江《从苏轼到苏东坡》

人们都希望自己的生活风平浪静，一帆风顺。但苏轼却告诉我们："一蓑烟雨任平生。"山林小路间，突降大雨。他吟咏长啸，悠然前行。竹杖芒鞋，却轻快无比。披一袭蓑衣，沐浴着心灵的春光。多么潇洒的灵魂！苏轼骨子里的那种高贵坦荡背后，是足够坚定的灵魂和超然的情怀，是"也无风雨也无晴"的高绝境界。

乌台诗案是飞来横祸，九死一生；被贬黄州更是精神和肉体的双重摧残。后来他又远谪惠州与海南，无食无衣无药，几乎客死在海角天涯。这种种苦难并没有将他打倒，反而使他更加无畏！

每个人都想要生在一个最好的时代，而苏轼或许生在了一个对他来说最坏的时代。但他仍在这最坏的时代里，用他的洒脱，用他的超然，用他的赤子之心让自己成为了一个几近完美的人，过好了这匆匆一生。

我似乎看到，几百年前，一位潇洒的男子，且将新火试新茶，诗酒趁年华。

高祎程《诗酒趁华年》

终于，十二月二十九日，我被贬为黄州团练副使，限制居住，不得擅离，并且无权签署公文。除夕这一天，我出狱了。带着三分凄凉，七分解脱，端着一颗不太牢靠的脑袋前往黄州。

回首再望，辽阔如汴京，却也容不下一个我；宽宏如帝王，却也容不下一个我。逃开那个叫做"朝廷"的金光熠熠的冰冷笼子，来到黄州，我却感到前所未有的自由。

既然你们容不下苏轼，那我就变成苏东坡，强迫自己守着和平宁静，摒弃一切纷纷扰扰。

我是苏东坡。

"缺月挂疏桐，漏断人初静。谁见幽人独往来，缥缈孤鸿影。惊起却回头，有恨无人省。拣尽寒枝不肯栖，寂寞沙洲冷。"这世界稀疏、零落、残缺，我躲在一个小小的缝隙中彳亍，徘徊，蹑手蹑脚，怕惊动世界惹来麻烦，更怕惊醒自己心底的寂寞。我成了幽人，也成了孤鸿。在定惠院上空盘旋，盘旋，既然世界先抛弃了我，那我还有什么舍不得呢？既然我的留恋是不必要的自作多情，不如我行我素地爱生活吧，酩酊大醉有时，面朝黄土有时，研究菜品有时，步履蹒跚有时，那就将灵魂放逐天涯吧，那就笑对花开花落吧，这段日子，也无风雨也无晴。

丁希莹《春天之前的那些寒夜》

▶ [课程反思]

做关于苏轼的阅读课程，目的是要让不知道东坡的人知道东坡，要让知道东坡的人知道得更多；要让不了解东坡的人了解东坡，要让了解东坡的人了解得更深刻。同样，我们也可以从中找到了解其他古人的途径与方法。

想认识、了解一个古人，我们可以有很多途径。他所处的时代，会给他的人生打下深深的烙印，如盛唐之于李白，安史之乱之于杜甫；他所结交的朋友，会让我们知道他是哪一类人，所谓“物以类聚，人以群分”，如竹林七贤，辛派词人；但更重要的途径还是他的作品，因为诗为心声，尤其是他的诗不是为了给别人看的时候。比如我们想了解苏轼是怎么变成苏东坡的，最好的办法就是读他黄州时期以及之前之后稍近时期的作品。其中一定是有一些变化的，我们循着这些蛛丝马迹就可以一直走近他，走近那个心神恍惚的幽人，走近那个筋力殆尽的农夫，走近那个赤壁怀古的英雄，走近那个苦中作乐的坡仙，走近那个笑傲林泉的隐士，走近那个吟啸徐行的哲人。和他一同看“缺月挂疏桐”“缥缈孤鸿影”，和他一同在东坡捡拾瓦砾倾力耕种，和他一同“渔樵于江渚”“侣鱼虾而友麋鹿”，和他一同夜游承天寺、饮酒梅花岭，和他一同驾扁舟于大江、赏月色于雪堂，和他一同看流水于兰溪、经风雨于沙湖。一直走到他的内心深处，真正认识他，了解他，感受他，实现我们亲近他的梦想，最终和他一起在北宋的黄州、东坡的黄州自由自在地翱翔。

我们如果想深入了解一个文人，最好的途径就是去找他生命中的巨变。长安赐金放还，对李白而言是一种挫折，所以我们会看到《梦游天姥吟留别》中那样的句子“安能摧眉折腰事权贵，使我不得开心颜”，所以我们会感受到“与尔同销万古愁”那样的狂放；安史之乱让杜甫的生活陷入了颠沛流离、狼狈不堪，也让他更深入地了解到百姓的苦难，所以他在战乱之后很快成长为诗圣。人，尤其是文人，他们的灵魂总能在苦难中脱身而出，找到自己的桃花源。

三、 自然课程

乌申斯基认为：大自然是教育人的最强有力的手段之一，不采用这种手段，即使是最细心的教育，也是枯燥无味的，片面而不能引人入胜的。

对于孩子们来说，大自然是最好的课堂，是生命得以舒展的地方。同时，大自然也是一门课程。如果不真正走进自然，那满山遍野的花与草，在我们眼里就只是花与草。如果真正走进自然，那自然里的一草一木就有了不同的情意。

自然是什么？

是天然、不拘束、不做作。

自然是什么？

是春天的嫩叶，夏天的青果，秋天的田野，冬天的白雪……

自然是什么？

是吟唱的诗，是拔节生长的生命，是我们与这些生命的共同成长……

自然是什么？

自然就是我们自己。

如果我们不走进自然，我们无法感受它的天然、不拘束、不做作。

如果我们不走进自然，我们无法领略四季的风情。

如果我们不走进自然，我们无法聆听生命的歌吟。

…………

所以，让我们一起走进自然，拥抱自然，用课程挑起一间教室里的生命，利用自然环境开展丰富多彩的活动，带给孩子们无穷无尽的收获和乐趣。

（一）秋天课程：

听听秋的声音——走进秋天

梁　希

▶ [课程主题诗]

秋天里
银杏树下

黄叶片片翻飞
爱充满凉意的深秋
更爱自由自在飘飞的黄叶
谁说我没来过
自由就是我的舞步

——梁希

[课程准备]

进入二年级上学期，九月正是由夏转秋的时节，秋天是大自然的一曲高歌。

叶嘉莹说：“倘若一个人听到山鸟的鸣叫、看到花开花落的变化都会从内心生发感动，这样的心灵才是纯净动人的。”

为了让孩子们拥有这样敏感的心灵，在这个秋天，准备和孩子们一起读读秋的诗、看看秋的书，一起去大自然里聆听秋天的声音，用这样的方式走进秋天。

梁门书斋本次“听听秋的声音——走进秋天”课程目标为以下三条：

一是诵读秋天，诵读秋天的诗歌，感受文字中的秋天。

二是阅读秋天，阅读秋天的绘本故事，感受故事中的秋天。

三是触摸秋天，开展“寻一树金黄”的系列活动，初步感受秋天与自己生命的联系，让秋天成为孩子心中的一个独一无二的意象。

为完成这三个目标，课程需准备“关于秋天的诗歌”“关于秋天主题的绘本故事或童话故事”“做寻找一树金黄的秋天活动计划”以及“和秋天说声再见”秋天课程告别仪式。

这三个目标是互相交融、彼此交织的，完成这三个目标学习活动有交叉、有互动，为了更加清晰地展现完整的课程内容，特制作了下表：

课程：听听秋的声音——走进秋天

晨诵	共读	写作	活动
《秋天》《秋天的信》 《桂花》《桂花灯》 《秋天的礼物》 《梨核儿》《橡子》 《邻居家的杏树》 《水和风还有娃娃》 《晨兴书所见》 《打银杏》《再见》	《14 只老鼠秋天进行曲》 《14 只老鼠大搬家》 《14 只老鼠挖山药》 《一片叶子落下来》	1. 根据晨诵诗歌进行改编，鼓励学生创作关于秋天的诗歌。 2. 完成“寻一树金黄”读写绘。	“寻一树金黄”系列活动 1. “寻一树金黄”之桂花。 2. “寻一树金黄”之银杏（“和秋天说声再见”秋天告别仪式）。

▶ [课程实施]

1. 诵读秋天

诗让我们的心灵不死，在诗中去感受秋天，以诗歌为桥，让秋天走进孩子的生命。

新学期的九月，梁门书斋晨诵课正式开启。

早读时，我点开第一个 PPT，大大的几个字“梁门书斋晨诵课”映入眼帘，清楚明了。孩子们一阵激动，我也迫不及待地开始。

秋　天

金子美玲

路灯一盏盏
亮着，
一盏盏
织着灯影，
把小镇织成了
美丽的条纹花样。

在条纹的亮处，
穿夏衣的人
三五成群。
在条纹的暗处，
秋天悄悄地
藏在那儿。

此时正是由夏转秋的时节，教室里的孩子们都穿着夏装。孩子们你看着我，我看着你，不由得笑开了。

我问孩子们：“现在还是炎炎的夏日，可是秋已悄悄地来了，你们看诗中也写到秋天悄悄地藏在那儿。”

孩子们的目光都被这句诗吸引住了，有个孩子说：“明明就是夏天嘛，根本就没有看到秋天。”

另一个孩子接着他的话说：“不是写了吗？是悄悄地藏。”

我趁机说：“悄悄地藏着，藏在哪里呢？”

孩子们愣住了，一下子还真无法回应。秋天，对于他们来说不过是一个季节的名字。正因为从来没有真正触碰过，所以无法回应。说起秋天，就是两个字，两个会读、会认、会写的字而已。

我笑道：“没关系，从今天起我们就要开始走进秋天，我们一起走，一起找。我们一定可以把悄悄藏起来的秋天找出来。”

孩子们眼里充满了期待。接下来的日子过得很快，一场秋雨一场寒，几场秋雨下来，孩子们都已经穿上了秋装。

那天早上，我对孩子说：“秋天给我们写信了，我们一起来收信吧。”

PPT 展示：

秋天的信

林武宪

秋天要给大家写信
用叶子做信纸
请风当邮差
偷懒的邮差
每到一个地方
就把信一抛
有的信，落在松鼠头上
有的信，掉在青蛙身旁
赶路的雁，也衔了一页回家
池塘里，草丛中
到处都有秋天的信
动物们急忙准备过冬

孩子们一看就叽叽喳喳地读开了，自己读完一遍后就开始自由地谈论：

“信呢？你收到没有？”

“哈哈，我有收到哟。”

“哈哈，偷懒的邮差，把信一抛，落到了我的头上了。”

“就是就是，那天还掉到了我们家车子的挡风玻璃上。”

“我们小区里好多秋天的信呢！”

我并没有制止他们，把时间给他们，让他们尽情地谈论秋天的信。这就是真实地感受到了秋天，秋天渐渐不再是两个会读、会认、会写的字。我心里开始有些欣喜。

他们讨论了好一阵，终于想起了我的存在。有点不好意思地对我笑笑，看着我，好像在说：“老师，对不起，我们讨论起秋天来把你给忘了。”

我看着他们，宠溺地笑笑，等他们都定下神来了。我们开始诵读这首诗——《秋天的信》。

他们开始真实地感受到秋天的存在。

我告诉他们秋天不仅用叶子给我们写信，还用花给我们写信。有孩子抢着说："对呀，有菊花，秋天用菊花给我们写信了。"

我抬眼看着这个孩子，高声道："对呀，菊花也是秋天写给我们的信呢。还有哟，想知道是什么吗？那就等明天的晨诵课吧。"

孩子们一片叹息，都期待着第二天的晨诵。

第二天，梁门书斋晨诵课继续，PPT 出现："秋天发出很多封信，你收到了几封？"接着出现落叶、秋雨、菊花等图片，最后出现的是金黄的桂花，画面就定格在这里。早有孩子惊呼："桂花!!"

我点点头，看着孩子们闪亮的眼睛，轻轻地说："大家都很熟悉，在我们泸州可以说到处都是桂花，你们知道吗？咱们泸州市的市花就是桂花，这花代表着咱们泸州。"孩子们有些不可置信地看着我，可能他们从来没有听说过吧。

我问他们："你们觉得桂花为什么会成为我们泸州的市花？"

"因为泸州到处都有桂花。"

"它很香，可以让我们闻到清新的香味。"

"因为它的颜色很好看，金黄金黄的。"

大家给了桂花如此多的赞美，接下来我让大家一起读这首桂花诗。

静静地聆听完孩子们的诵读后，我向孩子们介绍：自古以来泸州人就有栽种桂花的习惯，不少农村地区房前屋后都有桂花。旧时家家户户都有桂花酒，还有桂花糖，就连夏天吃的冰粉（一种消暑的小吃）也会放一大勺桂花糖。所以，可以说自古桂花醉酒城。

转天清晨，舒瑗戴玥捧着一大把桂花跑向我，有着甜甜笑容的她，兴奋地说："梁老师，我送你的桂花!"我看着她，她似乎感觉到了我的期待，继续兴奋地说："我们家的，我自己家里的。"看来她的家里种了桂花，想想我老家也种了一株桂花，也不知道这时节是否在风中怒放。我找了一个花瓶，把桂花插在里面，放到了教室的窗台上。

特别难忘的是，我们在晨诵生活加入了"朋友圈的秋天"这个活动。

晨兴书所见

等闲日月任西东，
不管霜风著鬓蓬，
满地翻黄银杏叶，
忽惊天地告成功。

读了《晨兴书所见》以后，孩子们用自己的方式来表达对秋天的喜爱。有捡拾落叶的，有为秋天写诗的，有为秋天唱歌的……这些都用图片或小视频发到微信朋友圈里，让所有的微信好友都看到梁门书童正在用不同的方式来感受秋天。家长们也纷纷为孩子们点赞和评论。

沉稳的王铮写道：“我第一次跟同学们在大树下抛撒落叶，金黄的叶子从天而降，我闻到了秋天的味道。”葛畅写道：“今年的秋天真美妙，我们在银杏树下去找秋天。妈妈也抽空来陪我，我把银杏叶抛向天空，银杏叶落下的时候，我看到了妈妈的笑容。”

接着我们读《秋天》。

秋　天

秋天在哪里
秋天在这里
高粱红着脸
稻子笑弯腰
枝头结柿子
架上挂葡萄

读了《秋天》以后，我们又继续进行“朋友圈的秋天”。当天短信通知家长带孩子们去滨江路找秋天拍秋天，孩子们放学就去了滨江路，用手机拍下自己眼中最美的秋天。

当天晚上，孩子们又把自己拍的秋天照片发到了微信朋友圈，并配上相应的文字。内秀的李宇辰手拿自创的秋天小诗与正在落叶的大树合影，她在朋友圈这样写道：“充满秋意的滨江路让我们不想回家，我驻足在这棵大树下，我爱这凉爽的秋天，我为它写诗，我想也许我会成为一位专门为秋写诗的诗人。”

当晚家长们也分别浏览彼此的朋友圈，为孩子们点赞，给孩子们留言。第二天，孩子们一到教室就赶忙彼此分享自己获得点赞和评论，教室里欢腾一片。

在幽幽的桂花香陪伴中，我们又诵读了《桂花灯》《秋天的礼物》《梨核》《橡子》，秋天一直在我们的教室里不曾离去。

桂花是四川省泸州市的市花。每到金秋时节，空气中都弥漫着桂花的香味。于是本次课程开展的过程中，结合诵读桂花诗，我们开展了“寻一树金黄”之桂花亲子活动。活动基本分为三个环节：（1）周末，父母与孩子一起去寻桂花树，在树下合影，上传至班级 QQ 群，与班级分享亲子瞬间。(2) 孩子在桂花树下诵读桂花诗。(3) 完成桂花读写绘。

当满城桂花怒放时，我们进行了第一次“寻一树金黄”之桂花的活动。那个周末我就一直坐在电脑前，看着QQ群里不断跳出的一张张与金黄桂花辉映的笑脸。

2. 阅读秋天

晨诵不是单线条地存在于课程中的，与之相呼应的除了写作、活动，还有那些共读的书。

“14只老鼠”系列中《14只老鼠秋天进行曲》是浓浓秋意中最美的旋律。秋天里，阅读与欣赏课上，我与孩子们一起欣赏了这曲最美的秋之歌。

打开书，一片金黄的基调中，满地黄叶，小老鼠们小小的身子就藏在叶子下面，正在玩捉迷藏。妈妈叫道：“我们要去采果子啦!”所有小老鼠都被找到了，就只是找不到老六。

于是，所有的老鼠一路呼喊一路找，“老六——老六——老六——”

一路上除了落叶，那枯树桩旁的肥厚蘑菇也在告诉大家这就是秋天。青蛙扛着蘑菇轿子过来了，橡子也扛着蘑菇轿子过来了。蜗牛也扛着蘑菇轿子过来了，这简直就是蘑菇的大游行。忽然一阵山风起，秋叶飞舞，风一吹过，游行队伍不见了，森林里变得静悄悄。

“在那里，在那里!”教室里的孩子们齐声叫道，顺着他们的小手看去，老六好像才坐着落叶飞机从天而降。老六也被风吹回来了。

找到老六就放心了，秋天的森林，是充满魔力的森林啊！谢谢森林给了我们这么多好吃的东西。

图面上14只小老鼠和爷爷奶奶、爸爸妈妈聚在一起。一大家子围着一张超大的桌子，桌子上摆满了叫不出名字的果子。

整本书都是暖暖的金黄色，这秋天的颜色让秋意更浓更烈。

接下来的日子，我们又读了《14只老鼠大搬家》《14只老鼠挖山药》《一片叶子落下来》。

《一片叶子落下来》让孩子们真切地感受了什么叫“一叶知秋”。当然也再一次面对“死”这个字，其实在这之前，在共读《爱心树》《外公》时，我就与孩子们谈论过死亡。但《一片叶子落下来》不仅仅谈如何面对死亡，更重要的是它传递了“向死而生”的理念，让我们懂得不管生命如何短暂，不管最终将如何离去，在短暂的时光里，每一个个体都是独一无二的存在。

3. 触摸秋天之“与秋天说声再见”

在秋天课程里走了两个月，我们以秋天为线串起了太多内容。在秋天就要结束时，我们应该如何告别这个秋天呢？

就在我寻思之时，忽然看到一个朋友的微信朋友圈里发了一张照片，那是两株高大的银杏树，满树金黄的叶子，满地也是金黄的叶子，那画面一下子就撞进了我的眼和心。经过询问才知道，原来这两棵古银杏就在她单位院子里，而她的单位泸州市委党校与我们学校只有一街之隔。

它们简直就是上天专门为我们的告别仪式准备的，四百多年前的古人好像知道，有一天有一个老师会带着学生们在这树下与秋天说再见吧，所以在四百多年前为我们种下了这两棵树。“寻一树金黄”之银杏就在这里拉开大幕。

经过策划，“与秋天说声再见”的秋天告别仪式正式举行。

那天阳光出奇的好，金黄的阳光照射着金黄的叶子，那可真的是一树金黄。梁粉们（我班上孩子们的家长都自称是我的粉丝，他们为自己命名：梁粉）带着梁门书童来到了树下，我也到了树下。看到那一地的金黄，所有的大人和孩子都惊呼着扑了过去。

好多梁粉说，自己从小在泸州市区长大，还从来不知道这里有这样两棵银杏树。我眨着眼告诉他们：“生活中从来不缺少美，只是少了发现美的眼睛。”只要用心发现，美就存在。这两棵美银杏不就被我这个刚来这里不久的人发现了吗？

等大人和小孩子的兴奋劲儿都过去以后，我们的“与秋天说声再见”之告别仪式正式开始。

老师说：秋天秋天，你藏在哪里？我们一定要找到你。

（全班齐诵《秋天》。）

老师说：银杏树呀，原来你在这里，你就是秋天吧！秋天的信抛了一地。（男生诵读《秋天的信》，女生诵读《打银杏》。）

老师说：这么多片银杏叶，有一模一样的吗？大家快找一找吧！（学生尝试在地上寻找一模一样的银杏叶。最后发现没有完全一样的两片叶子。）

老师说：叶子的生命虽然短暂，但是它有属于自己独一无二的美。让我们再次欣赏那个故事《一片叶子落下来》。

（李宇辰为全班讲《一片叶子落下来》。）

老师说：秋天，秋天，我们找到了你。现在我们想在你的怀抱里发发呆。

（孩子们纷纷找地方静静地闭眼，回想整个秋天课程。有的孩子坐在银杏叶里，有的孩子睡在银杏叶上……）

老师说：秋天悄悄地来了，又悄悄地离去。一年四季就这样轮回，让我们一齐与秋天道别，跟它说一声再见！

（全班齐诵《再见》。）

（附《再见》一首：

再　见

张秋生

春天，
把满树的嫩叶子
交给了夏姐姐
——她说：再见。

夏天，把满树的青果子
交给了秋姑姑
——她说：再见。

秋天，
把收获过的果园
交给了冬爷爷
——她说：再见。

冬天
用白雪冻死害虫
把快发芽的果园
交给春姑娘
——他说：再见。）

老师说：秋天从不曾真的离去，秋天从今日起停伫在我们心中，拿起手中的笔，描绘你心中的秋天吧。

（学生完成读写绘，他们自己想到了用银杏叶来贴画，完成一幅幅立体的读写绘。）

▶ [精彩瞬间]

在秋天课程进行的过程中，有太多难忘的瞬间。家长、孩子和我自己都有太多值得书写的。但我们都是身处于课程中的人，被课程所牵动，实属正常，而在我们课程进行的过程中，还有课程之外的人也被我们的课程感动着。

进行“和秋天说声再见”的秋天告别仪式时，我得知那两棵古银杏在市委党校。通知家长和孩子们前去时，其实我心里都有些打鼓，生怕人家的门卫会拦着不让进。因为那天是周末，基本不会有人去办事，而且我的班上有63个学生，再加上家长，一下子就拥进去上百号人。没想到，可爱的门卫大叔直接放行，我心中一阵感动。

我们活动进行的过程中，可爱的门卫大叔一直在旁边看。看着他憨厚的笑容，我想，他也与我们一样为秋天迷醉吧。也许他日日守着这两棵古银杏，看着它们展露的惊人之美，又寂寞地伫立在院子里无人问津，便像他养成深闺的秀美女儿，养在深闺无人知。终于有这么多人来欣赏它们了，门卫大叔也想有人与他做伴，一起欣赏这银杏在秋天的绝美姿态吧。

当我们的活动结束，准备离开时。有一个清洁工准备扫那满地的落叶，那可爱的门卫大叔冲上去，用标准的四川口音急切地说：“别扫，别扫！娃儿们还要来看呢！”我心里一暖，真是没有想到呀：来之前特别怕门卫嫌我们烦，给他添麻烦，不愿意让我们进来，没想到门卫大叔围观了我们的活动，最后还这么为我们着想。我回头望着他一笑，门卫大叔有点憨憨地笑着回应我。我其实很想告诉他：“大叔，我们明年还来！”

▶ [课程反思]

一年四季，循环轮回。不经意间，一年四季在我们身边走过一轮又一轮。让它们就这样流逝，还是用我们的手去梳理这四季时光，努力地做些什么呢？

秋天，只是四季往返里的四分之一个季节，周而复始，也许有很多人不曾在意。而当我们以课程的目光来看这个季节时，就会发现它的与众不同……

这次做秋天课程，我反思如下：

1. 做秋天课程，秋天的元素很多很多，如果能更好地利用这些元素，使得课程不仅仅局限于晨诵共读和活动，课程就更有丰富性。比如秋天的果子，是秋天多么独特的风景！我们可以在“秋之果”中做更多的文章，增加秋天课程的厚重感。

2. 做秋天的课程，没有年级的局限，任何年级都可以做出自己的特色。结合本年级儿童的生命特质，进行课程的设计和整合，做出本年级秋天课程的特色来，一定是不错的尝试。

3. 秋天课程年年都可以做，如何更好地螺旋上升，做出体系，是我们日后应该思考的问题。

4. 任何课程的书写都是教师、家长和孩子共同完成的。这次秋天课程的尝试中，家委会的协助力度是非常大的。每一次做课程，我们的思考中一定要有这些强大的后勤部队，我们要在这些人员的帮助下进行分工合作，各自发挥自己的特长，做出我们独有的魅力来。

（二）种植课程：

开在教室里的绿色花儿——迎春花班的“种植课程”

杨洁

▶ [课程主题诗]

向着美丽的那方，
哪怕一片花瓣，
也要向着日光洒下的方向。
是花儿总有一天会美丽绽放，
哪怕霜花落地，
不甘平庸的迎春花，
也要迎接生命的春天，
向着世界开出一朵属于自己的花来。

——迎春花班诗《怒放的迎春花》

[课程准备]

种子的使命是朝向阳光，集结美好，实现春华秋实的梦想。在人生的春天，迎春花也一样在生活的蓝天下追寻梦想，努力绽放自己的花蕾。结合迎春花班级文化的核心理念“播种，生长，朝向，怒放”，我开启了“开在教室里的绿色花儿”的蒜苗课程。

大蒜是一种方便培养，生命力极旺盛的半年生草本植物，百合科葱属，以蒜皮色泽可分为白皮蒜和紫皮蒜，依蒜瓣大小可分为大瓣蒜和小瓣蒜。孩子们可以根据自己的喜好选择不同蒜种（大瓣蒜和小瓣蒜），也可以选择不同的种植方式（土养和水养）。

孩子们在种植蒜苗的实践活动中激发对科学的浓厚兴趣，通过蒜苗课程的开启仪式、种蒜、养蒜苗、吃蒜苗、卖蒜苗、蒜苗庆典和晨诵午读的浸润内化，感悟生命的顽强、追寻生命的意义，从而感恩生命、珍惜生命、热爱生命，活出生命的精彩。

教师准备：制作蒜苗课程方案，了解种子的起源及早期的演化过程，了解蒜苗的种植方法与技巧，蒜苗的生长过程，蒜苗的营养价值及功效；下载《种子的力》等相关视频和电影，整理有关描写种子的诗歌、散文和书籍。

学生准备：了解种子起源的神话故事和种植蒜苗的相关知识，准备种植蒜苗的工具、土、肥料和沙子，准备记录蒜苗成长过程的读写绘本，记录蒜苗的生长过程。

家长准备：准备孩子喜欢的蒜种，根据孩子选择的土养或水养的方式指导孩子种蒜。搜集有关种植的故事经验，讲述孩子小时候的成长故事，陪孩子观看出生和成长过程的录像、照片，让孩子感受父母的不易，懂得感恩父母，珍惜生命。

[课程实施]

蒜苗课程分三个阶段，详表如下：

阶段	教师	学生	家长
第一阶段：生命的奇迹——种子永远朝向太阳	1. 整理描写种子的诗歌、散文。 2. 下载种子分裂头盖骨实验、蒜苗种植方法与技巧等相关视频资料，制作蒜苗课程开启仪式的 PPT。	1. 讲种子起源的神话故事和张骞出使西域是如何把蒜和汗血马、苜蓿等带回来的。 2. 在读写绘本上记录蒜苗课程开启仪式的感人场面。	1. 和孩子一起参与蒜苗课程的开启仪式。 2. 给孩子讲种蒜苗的故事和经验。

续表

阶段	教师	学生	家长
第二阶段：种蒜——生命是一支顽强的歌	1. 制作种蒜课需要的诗歌，散文和种蒜视频的PPT。 2. 和孩子们观看阳台种蒜的方法和技巧的视频。 3. 和孩子们一起观察、发现、交流种蒜经验，分享优秀日记。 4. 在晨诵午读的美妙时光里，共读《最后一片叶》《夏洛的网》。	1. 准备工具、蒜种、肥料和沙子，在老师的指导下享受种蒜的快乐。 2. 细心呵护自己的小蒜苗，仔细观察，认真记录、质疑和探索。 3. 在诗词经典中感受生命的神奇，敬畏生命。	1. 每日亲子共读，陪孩子观看电影《夏洛的网》。 2. 讲孩子的成长故事，观看孩子出生、成长的录像或照片，让孩子感恩父母，珍惜生命，学会爱。
第三阶段：养蒜苗——在绿色里舞蹈的迎春花	1. 排练《夏洛的网》生命叙事剧； 2. 一起欣赏蒜苗做法大全视频，鼓励孩子在家做蒜苗菜肴。 3. 享受额外的奖赏——蒜苗庆典，感受生命的美好。 4. 排练蒜苗课程剧，用绿色点亮希望。	1. 和父母一起做蒜苗美食，明白蒜的功效和价值，阅读《苏菲的世界》，叩问：我是谁？我来自哪里？我要到哪里去？追寻生命的意义。 2. 排练《夏洛的网》，懂得人最大的快乐就是帮助别人。 3. 编排《蒜苗课程剧》，成就优秀的迎春花。	1. 一起做蒜苗美食，启迪孩子每一个生命都是有价值的。 2. 与孩子一起走进《苏菲的世界》和《活着》。 3. 参与蒜苗课程的告别仪式。

1. 生命的奇迹——种子永远朝向太阳

又是草长莺飞二月天，种瓜种豆的热情融化了每一寸土地。我又带着被绘本、歌谣与色彩世界温润觉醒的“迎春花”种植蒜苗，触摸大自然。

“孩子们，你们闻到春的气息了吗？你们聆听到生命拔节的声音了吗？”

孩子们纷纷说着自己眼里的春天和探出小脑袋张望世界的小生命。

袁玥轻轻吟诵：“生命无处不在，每一朵花有着生命，每一只蝉有着生命，每一个人依然有着生命。”

“那么，聪明的你，能告诉我生命的意义是什么吗？”

“如果生命在于一颗花种，那么，生命的意义应该是：用它的所有力量努力使自己茁壮生长。”快人快语的李思凡抢着说。

多愁善感的张静悄悄站起来：“如果生命在于一只蝉，那么，生命的意义应该是：珍惜每秒时间，让自己活出快乐而有意义的夏天。”

“如果生命在于一个人，那么，生命的意义应该是：珍惜每一秒时间，去写一本有价值的书。”“小博士”野天河也按捺不住了。

李新奎不甘示弱：“花种，一种不惹人注意的种子，却有着许多人未曾拥有的‘坚贞不屈’的精神。墙角中掉进了一粒将要腐烂的花种，过了几天竟然长出了小芽。这是为什么呢？本身不应该发芽的‘它’，竟然在没有足够阳光，没有足够水分的墙角茁壮生长，这是因为它懂得珍惜每一次拥有生命的机会。”

一篇充满哲思与智慧的散文如小河潺潺流进“迎春花”的心田。孩子们兴奋地分享着《种子起源》的美丽神话。张骞忍辱数十载，冒着生命危险带回汗血马、蒜、苜蓿等。蒜在汉人的手中葱茏至今，欢愉着千家万户的饭桌灶台。

悠扬的口风琴奏响了生命课程的主题曲《小雨沙沙》，大屏幕上一粒小小的种子倔强地顶开头盖骨，拼命朝向阳光。

“迎春花”睁大眼睛：

“好神奇呀！一颗小小的种子，竟然顶开坚不可摧的头盖骨。这可是多少生理学家和解剖学家无法完整分开的一个头盖骨，竟让一粒小小的种子以一种不可阻挡的力量完美地分开了。”

“要不《石灰吟》怎么说‘千锤万凿出深山，烈火焚烧若等闲。粉身碎骨浑不怕，要留清白在人间’。”

“每一颗种子都是一个奇迹！”

孩子们被种子的无穷力量震撼，当屏幕上出现：“世界上最强大的力量是什么？”

“迎春花”以生命最强音掷向大地：“世界上最强大的力量是种子！”继而用敬畏与虔诚齐诵诗歌《爱的种子》：

爱的种子
深埋在泥土里
它要冲破黑暗
需要勇气

爱的种子
包裹着一层厚衣
它要挣脱缠绕
需要定力
…………

爱的种子

只有经风沐雨
才会结出果实
永远甜蜜

“孩子们，种子这么神奇，想不想用你的耐心与爱亲手种植一棵棵蒜苗呀?”

“想!”孩子们个个昂扬挺胸，似乎自己就是那颗无所畏惧、坚韧不拔、艰苦奋斗、奋发图强的种子，最终一定要破土而出，长成一棵参天大树，挺立在天地之间，成为人们永远无法忽视的一处靓丽景观，成为这世界一道独特的风景。

2. 种蒜——生命是一支顽强的歌

孩子们唱着《小草》之歌，像小鸟一样飞进教室，齐诵《生命的意义》，用虔诚叩开了神秘的种蒜课。

“孩子们，每一粒种子都有灵性。拿出你们准备好的花盆、土、肥料，还有沙子、水和大蒜，我们学做优秀的种田人，在你的小花盆里，成就生命的传奇。”

“迎春花”根据自己的选种和栽种方式快速分成土养和水养两组。目不转睛地观看水养蒜与土养蒜的方法与技巧的视频，生怕自己错过哪个细节而照顾不周辜负了蒜的一生。

视频观看结束，水养组开始列注意事项：

“水养蒜要尽量用整个蒜盘，这样蒜就可以宛在水中央，长成一簇儿一簇儿的绿，很有造型感的。”

“花盆尽量选择透明的器皿，如鱼缸，玻璃盘，饮料瓶等，便于随时观察，既能看见叶的生长，也能看见根须的生长，还显得干净洋气。”

“水不能浇得太多，以没过蒜的三分之一为限。水也不能换得太勤，太勤反而破坏了蒜的生长环境。”

“还可以放一些沙子固定，或者放些漂亮的石头，实用与美观融为一体!”

“妈妈说蒜苗长到一尺来高时可以割下来做成各种美味佳肴，蒜苗就像韭菜一样，割一茬长一茬。”小馋猫王凯说。

“迎春花”七嘴八舌地提醒着伙伴，俨然都是专家。

有了视频的帮助和伙伴们的提醒，“迎春花”一个个信心十足。当我喊出“水养种蒜开始”，他们迫不及待地种起了蒜。不到10分钟，水养蒜全部栽种成功。

土养组早已迫不及待，还没等我发令已抢着罗列注意事项：

“土养蒜的种植土不要太多，事先把肥料和花土均匀搅拌，放入花盆。”

急性子张璐抢过话：“种蒜千万不要剥皮，选择大一点的蒜瓣，小头朝上。不要埋得太深哦”

很有艺术范儿的王心凌轻声慢语地补充：“还可以把蒜瓣摆成自己喜欢的图案，比如你摆一颗心，长出来就是绿汪汪的心。我摆的是花瓣，长出来就是绿色花瓣!”

正在“迎春花”冥思苦想自己种植图案时，又有人提醒了：“种蒜最好用发芽的蒜，长得快。你也可以把蒜在水里泡两三天，长出根须再种进去，我妈妈就给我泡好了，根须都有 20 毫米了。”

“蒜种进去一次性把水浇透，然后一周浇一次水就好了。”

“植物的生长离不开水分、阳光、温度，更重要的是给蒜苗充足的爱。植物是有灵性的，它看到你的爱与付出，会拼命往高里长。我们就把蒜苗摆满窗台吧!”

只要是做孩子们喜欢的事情，他们都是认真而虔诚的。他们清楚土养比水养麻烦，却愿意迎难而上，丝毫不马虎。有的全神贯注，动作利索；有的笨手笨脚，弄得满脸泥巴；有的三五成群，搞流水线种蒜，工程量虽大，但竣工最快，还是团结力量大。儿童的智慧是无穷的，只要给他们机会，他们就能撬动地球。

“迎春花”望着满满一窗台酣睡的蒜苗，眼里跳荡着希望的火苗。他们相信，只要有恒久不绝的信念和爱的呵护，任何一粒种子都会出现奇迹!

3. 养蒜苗——在绿色里舞蹈的迎春花

(1) 书香浓时绿满台。

绿篱般的窗台上，站满了“迎春花”不弃不离的守望。清晨，一朵朵“迎春花”蝶样飞落，看见蒜宝宝还在沉睡，会心一笑开始诵读《草》；蒜苗破土而出，他们诵读顾城《早发的种子》；蒜苗一天一个样，他们满心欢喜诵读《树中草》和《路傍草》；看见蒜苗绿汪汪一溜儿朝上，他们兴奋地朗诵《卜算子·咏梅》；若遇见刮风下雨，又吟诵《劲行草》；若蒜苗出现了黄叶或其它异常，除了找原因及时救治，他们还一起诵读《长恨歌》。

中午，“迎春花”走进教室的第一件事，也是少不了趴在窗台深情凝望，轻侬软语一阵，便心满意足地和蒜苗享受经典阅读的美妙时光：孩子们带着蒜苗一起去《绿野仙踪》探险，走进《草房子》经历男孩桑桑刻骨铭心、终身难忘的六年小学生活，打开《最后一片树叶》，为主人公的命运而忧心忡忡。当病房中的女孩说："当树叶全部掉光时，我也就要死了。"迎春花为女孩担心得掉下眼泪。看到一位老画家用彩笔画了一片叶脉青翠的树叶挂在树枝上，"最后一片叶子"始终没掉下来。只因为生命中的这片绿，病人竟奇迹般地活了下来。孩子们为奇迹叫绝，为女孩的健康快乐祈祷。他们坚信，生命的暗示无处不在，想着好的一面，等到的就是好的结局。

晚上，孩子在读写绘本上记录蒜苗的生长变化和感受，和蒜苗说悄悄话；父母却在写孩子养蒜苗的故事和成长变化。搁下书写的笔触，父母讲孩子的成长故事，观看孩子出生的录像和成长路上的照片，有些家长还把所有照片做成 PPT 在班上一起欣赏，孩子们笑得前俯后仰。

蒜苗一天天长高，绿篱边围着烂漫的"迎春花"。"迎春花"自豪地说："别的班级买花装饰教室，蒜苗就是我们迎春花班绿色的风景线!"

迎春花在绿色里快乐地舞蹈着成长的故事，和孩子们共读《夏洛的网》，共赏电影，一起排练《夏洛的网》的生命叙事剧。为了上台表演，家长从网上为孩子们买回服装和道具，一起参与每天下午 5：00—6：30 的排练。所有的喜怒哀乐、童年滋味全都被包容进被蒜苗染绿的迎春花班。

哪里有困难，哪里就会听见：

"……因为帮助你，我短暂的生命更有意义和价值。"这个共同的语言密码成为所有集结在迎春花班人的朝向。

吃蒜苗是孩子们巴望的时刻。下午观看了蒜苗做法大全，"迎春花"个个馋得直流口水，回家吵着让家长做"蒜苗全席"。有些家长还真的变着法儿做出了十几道菜。孩子们一边享受美味，一边和家长津津有味地讨论生命的价值。更让我感动的是，孩子们竟然偷偷地替我包了一次蒜苗饺子，完成了在迎春花这个大家庭吃团圆饺子的夙愿。

（2）一路庆典一路情。

清晨，小鸟叽叽喳喳，"迎春花"迎着朝阳端着蒜苗满怀信心地走进教室，朗朗的诵读声回荡：

崔越："绿满四季的蒜苗是我们迎春花久久守望的春天！我们永远向着绿色那方!"

袁玥："让每一朵迎春花尽情绽放；让每一朵迎春花能在清晨醒来时，

对即将开启的一天充满期待和向往；让每一朵迎春花结束一天的学习回家时，能对教室充满留恋和不舍。”

“王凯，你怎么端的是空花盆?”

王凯有些着急：“我和妈妈一起种的蒜苗，天天浇水，施肥，晒太阳，可它始终没发芽!

“孩子别哭！你买的蒜苗可能受到辐照，这样的大蒜库存时间长，但不能发芽，而且长期食用对人体也有极大的伤害。诚实的孩子就是最美的迎春花。”

齐诵：

我好想喜欢啊，
这个那个所有的一切。
比如蒜，还有迎春花，还有乌鸦，
我都想一个不剩地喜欢。
因为世界的全部，
都是上天创造的。

“顺利闯关，剩者为王。”一声嘹亮的口号将我们送往蒜苗庆典的路上。“庆典第一关：蒜苗选秀。请蒜苗长得倍儿棒的同学端着心爱的蒜苗走上讲台”。

袁玥的话刚落，台上就如绿云盖过，绿汪汪的一大片，挨挨挤挤。万绿丛中我最红，“迎春花”的笑脸在油绿挺拔的蒜苗映衬下更加红润可爱。

先由学生代表选秀，挑选长势茂盛的蒜苗。然后，家长选秀，挑选最别样的蒜苗。

王欣凌妈：“这盆南瓜蒜苗特别有创意。把蒜种在南瓜里，我第一次见。”

付玉妹妈：“这两盆一高一低，堪称情深意浓的亲子蒜苗！”

张璐爸：“我女儿蒜苗虽然不是最高的，但她对蒜苗的付出和爱却是最多的。她每天都要和蒜苗聊天，给蒜苗讲故事，和蒜苗一起阅读。她的生活已经和蒜苗融为一体了。”

老师：“呀，野天河的蒜苗根须长到瓶底又折回去向上长，这种顽强的生命力不得不让人叹服！”

庆典第二关：我是种蒜小能手。由蒜苗秀交流种植经验。让所有人都惊讶的是，每个蒜苗秀都有自己一套独特的种植与呵护的办法。

第三关：我与蒜苗的故事。“迎春花”讲述蒜苗的故事，真实感人。

第四关：蒜苗手抄小报。

这是一场无声的对决，没想到从未失手的袁玥因为偷懒，手抄小报未能完成而被无情淘汰。机会永远是给有准备的人。孩子们的拼杀与泪水，让我深信：优秀与卓越从来都是人人渴望的。没有人会拒绝自己当好孩子，就像没有人会拒绝朝向美好事物一样。

第五关：蒜苗日记选秀。有电子档的“迎春花”选出自己最满意的一篇日记配乐朗诵。

第六关：卖蒜苗。这一关最惊艳，限时 15 分钟。竞争者飞奔到校门口，俨然一个个演员，有说快板的，连说带唱的，有说相声的，有相声组合的，真是八仙过海，各显神通。一阵说唱叫卖，最受顾客喜爱的竟是能歌善舞的李思凡和平日里沉默文静、此时却幽默风趣，逗得行人前俯后仰的郑海洋。也许人们都被转基因和农药蔬菜吓怕了，看见纯天然无公害蒜苗，都乐意买回家尝个鲜。20 分钟后集合，孩子们一共卖了 20 元左右，乐滋滋地交到买书基金库了。

最后的大结局：蒜苗冠军谈收获。

野天河说：“我是最佳探索奖的获得者。蒜苗白花花的胡须从土里延伸下去，受到瓶底的阻挡又自下而上的生长，让我震撼种子的力是无穷的。”

李思凡说：“我是蒜苗节的冠军，获得了一本经典童书。通过给蒜苗换水，消灭根须里的小红虫，让我深深体会到，每一个生命的成长都需要充足的爱和细心的呵护。”

李欣奎说：“我也是蒜苗节冠军。反季节的蒜苗栽种和精心养育让我明白活着就要长成参天大树。活着是栋梁之才，死了也有用。”

贺佳洛说：“我是最佳创意奖的获得者。从未体验过的蒜苗节让我懂得了创新才能与众不同，要敢做跟别人不一样的事情。”

王心凌说：“蒜苗文化节拉近了我与父母的距离，让爱更温暖，家庭更和谐。”

袁玥说：“我是蒜苗评选失败者。眼泪让我懂得：唯有坚持才能成功。人生只有走出来的精彩，没有等出来的辉煌。”

孩子们齐颂：

一年一度的蒜苗文化节，让我们学会坚持的同时也学会了爱；
一年一度的蒜苗文化节，让我们学会了感恩才能天长地久；
一年一度的蒜苗文化节，让我们感悟生命的顽强，活出生命的精彩；
一年一度的蒜苗文化节，让我们学会了创新立意才能创未来！
每一朵“迎春花”都深知：活着就是为了开出一朵花来！

追寻生命意义的路上，豆苗课程、麦苗课程一步步把孩子们引向明亮那方。在遭遇缤纷庆典的时候，孩子们用新鲜的麦苗汁挽救了患有胃癌的杨丹的爸爸，可谓一路庆典一路情。一朵“迎春花”，生活的全部意义就是集聚美好，让世界更美丽。

▶ [精彩瞬间]

植物是长脚的，会跑到任何有阳光的地方。蒜苗课程吸引了一批又一批参观学习的教育人。有人建议，让我们把蒜苗课程改编成蒜苗课程剧，让更多教育人分享。孩子们一听能演自己的生活和故事，乐坏了。

“老师，演《夏洛的网》能成功，演蒜苗课程剧我们更拿手。”

“我和野天河负责课程剧的编写。”书香味最浓的袁玥抢活干了。

“我和爸爸负责音像。”张璐也开腔了。

“我妈妈和家长委员会的阿姨负责排练、道具制作和服装。”李欣奎对妈妈的号召力深信不疑。

“我还是负责制作蒜苗课程剧的方案吧!”我也不能闲着。

“我和舞蹈组同学编排动作。”

“为了和我们经典吻合，也为了舞台的童话效果，我建议把蒜苗的花盆设计成南瓜娃娃组、西瓜娃娃组、菠萝娃娃组、土养组和水养组。”设计组也不赖。

一周下来，整个准备工作就绪，排练也就紧锣密鼓地开始了。

丁凯妈怀着七个月的身孕坚持指导孩子排练。腿脚肿胀难忍，第二天打完吊瓶又跑来了。大家都劝她多休息，她却说：“在家里待着无聊，还是跟孩子们一起做正事踏实!”

周末，刘康的妈妈送来早餐让孩子们共享，她说：“平日里忙工作，周末来补补课。”

张璐爸爸怕大家口渴，把整件整件矿泉水送到教室。

集结的智慧和爱心总能催开理想的花儿。2014 年 4 月 13 日，“迎春花”、家长和老师同台站在剧院，展示蒜苗课程剧。一旦上路，鸟语花香。

▶ [课程反思]

课程是怒放在童年田野里的一朵朵花儿。

“蒜苗课程”让我和孩子走向自然，走向经典，一路编织，一路欢笑，一路追寻美好，一路书写传奇。

1. 杜威曾提出“教育即生活”，“教育即生长”，“教育即经验的改造”。教育首先教会孩子们如何生存，其次才告诉孩子如何更好地生活。蒜苗课程让教育、孩子和生活完美链接，形成快乐成长、朝向美好事物的通路。孩子们随处可以看见植物的生长，感受生命以外的呼吸，聆听生命拔节的声音，为种子在自己汗水中成就的奇迹而欢呼雀跃，为一个个惊心动魄的故事流泪。这些经历成长的过程和朝向美丽的旅途本身就是庆典。

2. 在蒜苗课程的行走、延伸与探究中，孩子们学会了感恩，学会了爱，培养了多元化能力，开始追寻生命的意义。这些额外的奖赏，都来自于一个系统、科学、直抵儿童心灵的完整课程体系，它将蒜苗课程与儿童、生活、自然、诗歌美文、经典阅读、演绎童话美妙结合，让集聚的每一个生命闪亮完美，让岁月丰盈踏实、淡雅宁静。

3. 蒜苗课程剧真实再现了教师、学生和家长“执子之手，与之偕老”的教育不是梦，它把师生引向了教育与成长的“珠穆朗玛峰”。它让我们知道，最美在生活，最美在教育，最美在课程。

四、 节日课程

“每逢佳节倍思亲”，节日不仅仅是思亲的日子，更是一种文化，一种生活方式。

春节话团圆、话成长、话各种年俗文化；元宵话灯；清明话祖先；端午话屈原；中秋话月……

除了这些传统节日，还有感恩节、父亲节、母亲节话对亲人、对世界的感恩，元旦话开始，五一话劳动，六一话成长，七一话话共产党……

是的，我们的生命离不开这些节日。这些节日唤醒我们生命的存在，提醒我们关注生命的美好时光。

节日课程，就是在诵读与节日相关的诗词、讲述与节日相关的故事，把这些节日唤醒的同时，也唤醒我们的生命。

节日是生命里抹不掉的记忆。让我们用心去雕它、去琢它，也让它擦亮我们的日子。

然而，现在的节日，已渐渐演变成了商业促销的舞台。

节日应该怎么过？我们以传统节日为例，在热热闹闹的各种场景背后，我们能带给孩子们一些什么呢？

我在孙秉山先生《为什么过节》一书里读到这样一段话："中国的传统节日，是一种极为严肃、极其认真的'人文化成'活动。绝不仅仅是过节了，放假了，好好轻松轻松，找几个朋友聚在一起，痛痛快快热闹一番那么简单。中国传统的每个节日，既不是单纯的祭祀、怀念，也不是单纯的热闹、娱乐，它是一种综合的中华文化现象。在节日中，每个人只有亲身参与到各项民俗活动中，才能感悟到中国传统节日的文化品位，从而提高每个人的文化素质和修养。"

我们的儿童课程，就担当着这样的使命。不仅是了解节日，也不仅是读读诗词，更重要的是参与节日习俗中，真正地体验千百年的文化之旅。

一路追寻先祖的足迹，去了解几千年来他们为什么过节、如何过节，了解节日的故事，诵读古人留下传唱千古的节日诵诗，这是我们的生命之根呢。

有学生家长发短信说："彭老师，谢谢你分享到我们群（我们教室爸爸妈妈们的群）里的清明节课件，关于清明节的知识，讲得真是太丰富太好了。孩子们有你这样的老师，真是他们的福气。关于绵山，关于重耳的故事，我也是第一次听说。周末与孩子交流时，孩子还特别想到绵山去旅游。你做的课件，我还与我的员工们分享了。他们也有很多不知道重耳的故事呢！这个清明节，我们公司还特别要求回家祭祖，缅怀祖先。谢谢你！"

（一）中国传统节日：

传统节日浸润生命之花——小彩虹班传统节日课程

彭文学

▶［课程主题诗］

你从远古走来，
一走就是几千年，
走出一片肥沃的土地来。

元宵月儿圆，
清明雨绵绵，
端午粽子甜，
中秋月饼喜团圆，
九九重阳菊花开。

几千年鞭炮声声，
一年又一年
旧岁换新年。

我们从这片肥沃土地长出来，
因你滋养，
让生命开出花儿来。

——彭文学

▶［课程准备］

我国的传统节日主要有：除夕、春节、元宵节、清明节、端午节、中秋节、重阳节。它们都有两个特点：一是起源于中国的农耕生活；二是传承了中国几千年的历史和文化。

我想做的传统节日课程，不仅仅是介绍节日的由来，有哪些民俗活动，哪些诗词值得推荐给孩子们诵读等，最重要的是引领孩子们参与到节日中去，特别是民俗活动。这一点特别重要：感受比旁观更有趣，也更能润泽生命。

另外，我们不仅在学校开发节日课程，让孩子们参与其中，同时还要通过孩子们把这种氛围带回家，带到社区。把爸爸妈妈和周围的邻居也带到节日中来。

基于此，我的传统节日课程所选的内容主要有以下几方面：

①节日的由来。

②节日的习俗和礼仪。

③节日的饮食文化。

④古人的节日诗词。

这四个方面也是四个层次，从物质生活到生命的精神追求。

见下表：

节日	腊八	小年	除夕	春节	元宵	清明	端午	中秋	重阳
节日的由来（故事）	腊八的传说	灶王爷的传说	年的传说	万年的传说 万年与春节的传说	东方朔与元宵姑娘的传说	重耳和介子推的故事	屈原的故事	嫦娥与后羿的传说	重阳节的传说
节日的习俗礼仪	祭祖 喝腊八粥	送灶王爷 扫尘	发压岁钱 放鞭炮 贴春联 挂灯笼 守岁	祭天 拜年	赏灯 采青 吃元宵	扫墓 踏青 玩蹴鞠 斗百草	吃粽子 赛龙舟 门上插艾叶（桃枝） 用艾草扎狗	吃月饼 拜月 赏月	插茱萸 登山 赏菊 喝菊花酒
节日的饮食文化	腊八粥	糖瓜	年夜饭	饺子（抄手）	元宵	清团（清明草粑）	粽子 喝雄黄酒	月饼	菊花酒
节日诵诗	小孩儿小孩儿你别馋	新年哪里来	应诏赋得除夕夜	元日 新年是什么	正月十五元宵节	清明	粽子香	八月十五月亮圆	九月九日忆山东兄弟

针对以上内容，课程实施之前要做以下准备工作：

①利用网络（如“中国国学网——中国传统节日诗词总汇”）或相关书籍（如《为什么过节》）等途径，收集节日的由来、节日的习俗、节日故事等资料。

②收集资料后，接下来要对资料进行整理和编织，选择适合孩子们的方式带给他们，根据以上四个方面做出 PPT。

③若需实践活动，如年俗课程中剪窗花、包饺子，端午节做香包、包粽子等，需要与家委会联系准备好相关材料。

④准备一个速写本或 A4 纸等，以方便用写绘等形式留下穿越课程的记录。

以下就以年俗课程为例，对我们的课程实施作一个介绍。

▶ [课程实施]

以年俗课程为例，讲一讲课程的实施。每一个节日，我们从以下四个环节来进行：

①了解节日。

②走进节日。

③表达节日。

④交流感悟。

年俗课程的实施，并非只是在节日那一天，了解一下节日，诵读一首诗歌就行了，而是在节日之前就开始了，节日之后还会延续，比如表达节日，交流感悟环节等。

1. 腊八节

（1）了解节日。

年俗课程所涉及的内容很多，因为春节是一个大节。这个大节里，前前后后有很多相关联的小节。所以，年俗课程从腊八就开始了。

对于一年级的孩子来说，了解节日，最行之有效的方法就是讲故事。

腊八节的时候，孩子们还在学校里，我们便在教室里听故事，诵儿歌。

小孩儿小孩儿你别馋，
过了腊八就是年；
腊八粥，喝几天，

哩哩啦啦二十三；
二十三，糖瓜粘；
二十四，扫房子；
二十五，冻豆腐；
二十六，炸羊肉；
二十七，宰公鸡；
二十八，把面发；
二十九，蒸馒头；
三十晚上熬一宿；
大年初一扭一扭。

我们的年俗课程伴随着孩子们脆生生的童声开始了。

腊月初八这一天，孩子们的早餐（我现在所在的学校，孩子们都是寄宿）也是腊八粥。那一天，我们的晨诵就从早上的腊八粥开始说起。

“孩子们，今天，我们为什么要喝腊八粥呀?”

一问激起千层浪，孩子们叽哩呱啦讲起来，但瞎猜的多，能说对的少。

于是，我便讲开了：农历十二月初八被称为腊八节，腊八粥和我们平时喝的八宝粥也是不一样的，里面有很多不同的米和干果，好看又好吃。而在我们四川，腊八节这一天喝的腊八粥，与超市里卖的那些腊八粥可不一样。因为在腊八节这一天的腊八粥里，一定要加入我们四川有名的熏制腊肉。

由于四川没有做糖瓜、冻豆腐、炸羊肉等习俗，我便在 PPT 里展示什么是糖瓜，并给孩子们讲北方怎么做糖瓜。孩子们一看便明白了。

至于扫房子，我们讲的就多了，结合扫尘的历史传说，从打扫哪些地方，如何打扫等问题开始讨论。并告诉孩子们，一定要与爸爸妈妈一起扫尘。后面，我还发短信，请爸爸妈妈们把孩子们参与打扫的情况反馈给我。

当讲到炸羊肉时，我们结合四川的习俗，讲的是杀年猪，做腊肉和香肠等。我还专门给孩子们介绍，小时候与妈妈和姐姐们一起做香肠的情景。孩子们听得很感兴趣，于是，我便叫孩子们也讲一讲记忆中，之前的年是怎么过的。

课堂上可热闹了，孩子们对今年过年也充满了期待。

腊八这天喝腊八粥，在中国已经有几千年的历史了。这是为什么呢?读完儿歌，先听一个故事吧。

孩子们是爱听故事的，只要说到讲故事，他们便乐滋滋地坐得直直的，等着老师讲故事。

故事讲的是一对勤劳的夫妻，却生了一个懒惰的儿子。后来这个懒儿子的爸爸妈妈都死了。懒孩子娶的媳妇也很懒，他们的生活便越过越穷，到后来，已经快没有吃的了。有一年腊月初八，他们把家里所有能吃的东西倒在一起熬了一锅粥，可还是不够他们两人吃。于是，小夫妻俩开始起早贪黑地劳动，终于，生活又好起来了。

生活好起来了，他们每年腊月初八都会把家里的米呀豆呀等东西放一起熬粥，还请乡邻们喝。大家都觉得好喝，于是，都跟着熬。不仅如此，碗里的粥，还时时提醒我们要勤劳。因此，喝腊八粥的习俗便流传下来了。

“孩子们，听完故事，你们想说点什么吗?”听故事不是说教，因此，一般情况下，我讲故事孩子们听，如果他们有感受，我会鼓励他们说，但自己尽量不拓展。

有小朋友抢着说：“原来喝腊八粥是告诉我们要勤劳，不勤劳就没有饭吃。”

孩子们完全能听懂故事，于是，我们就继续读儿歌：“小孩儿小孩儿你别馋……”

这首儿歌是什么意思呢? 孩子们只读一读儿歌是不够的，得想办法让他们理解意思。

我让孩子们先说一说，不懂的地方再给他们讲一讲。

(2) 走进节日。

在进行了腊八的故事讲述和儿歌诵读后，孩子们对腊八节的习俗有了初步的了解。接下来，便是要引领孩子们走进节日。

因为腊八节后，年味儿便会日渐浓厚起来。周末孩子们会回家住两天，家庭作业除了把腊八粥的传说讲给爸爸妈妈听，还建议孩子们与爸爸妈妈一起熬一锅腊八粥，最好请爷爷奶奶和外公外婆一起，吃一顿团团圆圆的腊八粥。

这个过程里，结合亲子阅读、亲子活动，一家人其乐融融。这一个个家庭在中华的优良传统中，实实在在地表现尊老和爱幼。这些孩子在家庭生活中得到的濡染和浸润，行胜于言。

接下来的周末，便要开始布置孩子们练习扫尘。等到小年的时候，再与爸爸妈妈一起扫尘过新年。

关于带领孩子们扫尘，不只是给孩子们讲了要求，还给爸爸妈妈们发了短信，请爸爸妈妈们务必支持，不仅要支持孩子们参与扫尘，还请爸爸妈妈教孩子如何扫尘，让孩子在扫尘中切切实实体验由自己打扫带来的整洁的成就感。

（3）表达节日。

经历这个过程后，孩子们需要表达节日，表达自己的感悟和收获。要求孩子们把给爸爸妈妈讲故事和熬粥吃粥的过程写绘下来。随着年级慢慢增高，可以由写绘到日记过渡。

如果一个周末安排的是孩子们与爸爸妈妈一起扫尘，也要把这个过程写绘下来。孩子们参加活动的情况怎么样，看他们的写绘便知是否丰富。

回学校后，孩子们可以先与小朋友一起交流，这也是训练他们表达的一种形式。课堂上，老师要评议，给孩子们创设交流的机会，引导他们进行全班交流。

表达节日的这个过程，因为孩子们同样是在家里完成，所以还特别强调爸爸妈妈不要代劳，不要过度指导，要让孩子自己一步一步成长。哪怕一开始孩子做得很幼稚，线不成画、言不成句，我们也要放手让孩子先做出来，然后再在孩子做出来的基础上，指导他如何写绘得更好一些。

（4）交流感悟。

第二周返校后，我专门安排一个下午的阅读课进行交流，对孩子们的写绘作品进行讲评。

评议会从构图、内容介绍以及用词的丰富和准确、事情的先后表述等方面进行，同时把一些写作知识也渗透到其中，如是否按先后顺序有序介绍，是否把最有意思的部分抓住了。当然，这些并非一次全部落实，而是在整个课程实施过程中，根据孩子们的作业情况，一步步进行。

讲评后孩子们的作品要贴到教室的后墙上进行展示。这样，他们还可以利用课间或课外活动互相欣赏评议。

这样的家庭作业，得到了爸爸妈妈们的肯定和支持。他们发短信告诉我："孩子们表现得很积极，兴致很浓。"他们把孩子们做家务的相片发给我，那些系着围裙的孩子，可爱极了。爸爸妈妈们还告诉我："因为孩子今年的与众不同，年味儿也比往年浓。"

于是，孩子们更兴致勃勃地唱着"小孩儿小孩儿你别馋"，把身心都投入到了"过年"中。并且，这一唱啊就唱到了腊月二十三——小年。

除了腊八，小年、除夕、春节和元宵，我都放在年俗课程里，作为"传统节日课程"下的一个小课程。其间每一个节日，也都是按腊八节的四个过程进行，以下是课堂的简要记录。

2. 小年

到了农历腊月二十三——小年，我们已经放寒假了。孩子们一年级时，我以发短信的形式，把内容分别发给孩子们的爸爸妈妈，也发到我们的 QQ 群里，让爸爸妈妈带着孩子了解小年的风俗并继续诵读《过了腊八就是年》的儿歌。

小年是民间祭灶的日子，所以也叫祭灶节。我给孩子们讲我小时候的故事：每年到腊月二十三，妈妈都会点油灯、熏香，然后烧一种叫灶符的符，送灶王爷上天向玉皇大帝汇报一年的工作。那一天，妈妈会特别嘱咐，灶房一定要打扫得干干净净，而且绝对不能在灶台边敲敲打打的。妈妈说，如果惹怒了灶神爷，他会上天告状，我们烧不起火，就做不好饭了。

接着我便给孩子们讲祭灶的民间传说：每年腊月二十三，灶王爷都要上天向玉皇大帝禀报这家人的善恶，让玉皇大帝赏罚。因此送灶时，人们在灶王像前的桌案上贴上祭灶对联，桌上供放糖果、清水，还有料豆、秣、草。其中，后三样是为灶王升天的坐骑备料。祭灶时，还要把关东糖用火融化，涂在灶王爷的嘴上。这样，他就不能在玉帝那里讲坏话了。

通过 QQ 群，我还给爸爸妈妈和孩子们讲了小年的饮食习俗：过小年民间讲究吃饺子，取意“送行饺子迎风面”。山区多吃糕和荞面。晋东南地区，有吃炒玉米的习俗，民谚有“二十三，不吃炒，大年初一一锅倒”的说法。人们喜欢将炒玉米用麦芽糖黏结起来，冰冻成大块，吃起来酥脆香甜。糖瓜、饴糖、麻糖等本为给灶王爷嘴上抹的吃食，逐渐演变成了小孩小年必吃的零食。晋西北有“二十三吃麻糖，吃不上麻糖啃指头”等俗话。

给孩子们讲完这些，接着我们诵读《过了腊八就是年》的儿歌，又一次给孩子们讲了小年扫尘的习俗，并提醒孩子们，一定要与爸爸妈妈一起“扫尘”过年。

除扫尘之外，从小年开始，人们便开始剪窗花、写对联了。建议孩子们也学着剪剪窗花，写写对联。提醒孩子们：如果有做成的作品，千万别忘记了在 QQ 群或微信群里展示。爸爸妈妈还可以把孩子的作品分享到自己的朋友圈里，大家互相转阅，这样孩子们的作品就发布得越广了。

这样做，是想激起孩子们做这件事的兴趣来。当然，也建议爸爸妈妈参与其中，给孩子指导和建议。

一年级时，从小年开始，我每天会通过短信发一首童诗，收到童诗后，爸爸妈妈们会转给孩子诵读，然后孩子会背诵给爸爸妈妈听。爸爸妈妈把听背的情况，通过短信反馈给我。在爸爸妈妈们的短信回复中，我看到了很多的感谢。这说明他们对年俗课程的赞同。因为能感受到他们参与年俗活动使年味更浓的喜悦。看一则妈妈的回复："彭老师，放假你也不休息，牵挂着孩子们的学习，辛苦了！非常感谢你每天让孩子们背这些儿歌，这些儿歌的背诵不仅让孩子们积累了语言，还使我们的年味更浓了。"还有一位妈妈说："在彭老师每天一首的儿歌诵读中，不仅是孩子，连我们都觉得今年过年比以往更有年味了。感谢彭老师带给孩子和我们家长这份厚重的礼物。"

收到这些短信，我也非常开心。

3. 除夕

除夕那天，我发短信告诉了孩子们农历每年的最后一天是除夕，并请爸爸妈妈把除夕的一些习俗讲给孩子们听。

然而，这一点落实得参差不齐，一是除夕的习俗特别多，爸爸妈妈们选择有所差异。二是有的爸爸妈妈确实忙于别的事，根本没有给孩子讲。但关于"除夕放鞭炮"——《年的传说》，爸爸妈妈们都讲给了孩子们听。

今年，由于孩子们已经上二年级了，在学校的计算机课中，他们也学会了上网。于是，除了诗歌的诵读，关于除夕的习俗，我让孩子们自己上网查找。查找中提醒孩子们注意两点：一是记录下有哪些习俗，如果还能了解到为什么会有这些习俗就更棒了。二是要把自己在网上查到的习俗与现实生活中自己亲眼看到的习俗进行比较，看看还有哪些习俗我们到现在还保留着，哪些习俗在岁月的长河中已经遗失了。最后建议孩子们利用网上查找到的内容和现实生活中自己了解到的内容，做一次写绘作业。下学期我们要进行一次除夕习俗大交流的活动，最后将展示作品。

对于孩子们来说，这样的过程比直接告诉他们答案更有用。

在微信群里，我们复习了去年诵读的诗：

应诏赋得除夜

唐　史青

今岁今宵尽，明年明日催。
寒随一夜去，春逐五更来。
气色空中改，容颜暗里回。
风光人不觉，已著后园梅。

我给孩子们讲了诗人的故事：史青，唐代诗人，零陵人，聪敏强记。

开元（713—741）初年，他上书唐玄宗说自己五步能诗。玄宗试以除夕、上元、竹火笼等诗，他应口而出，玄宗大为赞赏，授为左监门卫将军。《全唐诗》仅存《应诏赋得除夜》一首。诗人在这首诗里告诉我们：今年在今天过了就没有了，明天就是明年了。寒冷的冬天会随着今天晚上过去，春天追着五更天，天亮就来到我们身边了。天空会变得越来越晴朗了，大地醒来了，变得与冬天不一样了。时间悄悄地过去，不知不觉，后园里的春梅也已经开了。彩虹宝宝们，你能试着把这首诗背下来吗？如果背会了，相信爸爸妈妈有奖。

今年，我们将在微信群里一起诵读下面这首诗：

我想写下一首童诗

苟念成

我想写下一首童诗
文字闪现星星的亮光
吸引好奇的眼睛

我想写下一首童诗
文字散发果子的甜味
小鸟们飞来品尝

我想写下一首童诗
文字飘出花朵的芳香
蜜蜂快乐地学习

我想写下一首童诗
文字舞动萤火的翅膀
点亮虫儿的梦境

读这首诗，是想告诉孩子们，今年的除夕，我们也写点什么吧。

在这美好的节日里，让我们留下一首小诗，留下一片欢笑。

在我们的微信群里，孩子们迫不及待地分享自己写的小诗呢。

▶ [精彩瞬间]

又是元宵月儿圆

今天早上，我把去年元宵节诵读时的“中国传统节日课程”的封面在电子白板上展示出来，孩子们显得有些激动，小小的孩子们居然感叹：

“时间过得好快呀，又是元宵节了。”

是的，新一年里，我们的“传统节日课程”在前一年的基础上继续“传承”。

只是，今年，我们的主题诗将从去年的每次诵读和故事结束后，改成开启诗。

下一张PPT上，没有任何图片，只有去年为孩子们写的开启诗：

你从远古走来，
一走就是几千年，
走出一片肥沃的土地来。

元宵月儿圆，
清明雨绵绵，
端午粽子甜，
中秋月饼喜团圆，
九九重阳菊花开。

几千年鞭炮声声，
一年又一年
旧岁换新年。

我们从这片肥沃土地长出来，
因你滋养，
让生命开出花儿来。

一次次的诵读后，我们没有刻意去背诵，有的孩子已经能背诵下来。诗中的“元宵月儿圆”“清明雨绵绵”等句子，孩子们能读得会心，因为这些句子背后已经有“窗外月儿圆又圆”，有“清明时节雨纷纷”的故事了。对诗中难理解的“肥沃的土地”“生命开出花来”等句子，孩子们也有了一些意会。因为“一个孩子向前走去，遇到最初的东西，那东西也会成为他的一部分”。我们经历了一年的传统节日文化的熏陶，有些东西已“无声”地“浸润”到孩子们的生命里，成了他的一部分了。

不经历这一段岁月，孩子们不会有这样动情地诵读，虽然他们才二年级。

《东方朔与元宵姑娘》的故事，仿佛昨天才讲，虽然这个故事有些牵强，也并没有去刻意强调，但节日本身是美好的。

今天，我们要诵读元好问的《京都元日》。

袨［xuàn］服华妆着处逢，
六街灯火闹儿童。
长衫我亦何为者，
也在游人笑语中。

读这首诗，要先认识元好问，让孩子们知道他是元朝一个多才多艺的诗人。这首诗写的是他在元宵节赏灯的情景。

他写了什么呢？

为了搞清楚这个问题，我带着孩子们读诗。

“袨”字因为注了音，孩子们读起来不难，但理解起来就难了。刚读完诗，王鑫就问：“彭老师，‘袨服’是什么意思？”我看到，其他孩子也很想知道。

我没有回答孩子们，把诗再诵读了一遍，说：“多么快乐啊，元宵节又到了，我一定要好好打扮一下，晚上去赏灯。”说完后让孩子们猜“袨服”是什么意思？罗翼（这个藏族小姑娘闪动着一双大大的眼睛）说：“彭老师，我觉得是漂亮的衣服。”

“是的，漂亮的衣服，华丽的衣服。罗翼真能抓住我说的话来动脑。孩子们想想看，大家都要把自己打扮得漂漂亮亮的，肯定要穿上漂亮的衣服呀。”我发现孩子们自己想明白了这个难理解的词语的意思，都特别开心。罗翼的会动脑，也给了其他孩子信心，“罗翼能想，我们也能想”。

大家都在快快乐乐地看花灯，好不热闹，元好问在干什么呢？

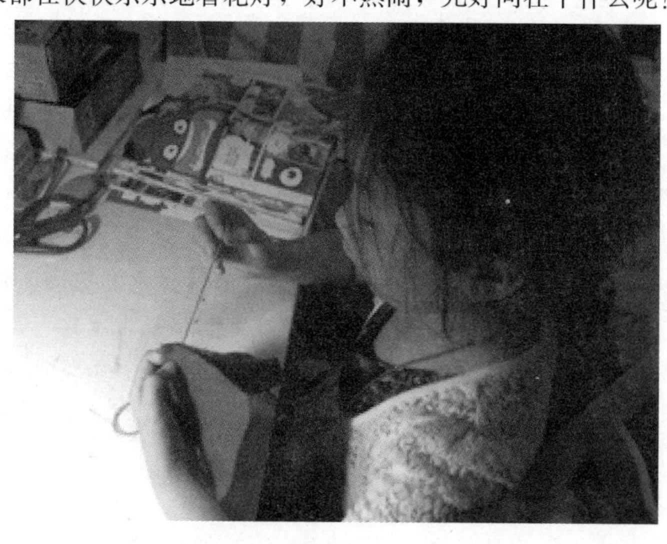

诗中写得很有意思："长衫我亦何为者，也在游人笑语中。"诗人做什么呀？写诗吗？弹琴吗？不，诗人也在融入了这一片欢声笑语中，与大家同欢乐。

今天之所以读这首诗，也是告诉孩子们，周围快乐的人群可以影响我，让我变得快乐；同样，我的快乐也能影响周围的人，让周围的人因我而快乐。

今天学校不放假，孩子们的元宵节会在学校度过。让我们互相把快乐带给对方，即使没有爸爸妈妈的陪伴，我们的元宵节也要过得快快乐乐，幸幸福福。所以，我给孩子们布置了一份作业："想个点子，给你的朋友带去一个小惊喜。"并给一个小建议："可以做一个小小的花灯相互赠送。"

今天，又是一个元宵月儿圆，我和孩子们一起告诉我们自己："让周围的人因'我'而快乐，让周围的人因'我'而幸福!"

▶ [课程反思]

我国的传统节日，还有端午节、中秋节和重阳节……每一个节日，我们根据课程设定的前三个阶段进行：了解节日、走进节日、表达节日，这里就不一一赘述了。我在年俗课程的实施和探究中有了进一步的思考。

传统节日的文化传承及"以文化人"，我想不是一次课程可以做到的，最重要的是在每一年的节日濡染和浸润中，丰满孩子们的心灵和生命。而我的生命，也将与孩子们一起在成长中丰满，这便是课程的又一魅力。

到现在，我们已走完了一年级的传统节日课程。去年开始，课程实施之前，内容就已经想好了，可是，我也曾想过，在一年级就开始传统文化课程，会不会太早呢？这些懵懵懂懂的"小屁孩儿"们真的能理解这些内容吗？这个课程究竟应该怎样实施呢？

后来想到了一点，我茅塞顿开。那便是："不能想到在一年就把节日中的东西全带给孩子，但一步一步来。比如一年级，我们就以了解传统节日为主，配上一些童诗、浅显的古诗词等，而要动手参与的民俗活动，也选择孩子们力所能及的。"

一方面，传统节日所涉及的文化内容很多，节日我们也年年会过；另一方面，孩子们的年龄特征和认知水平，也不允许我们一次性就把节日里涉及的方方面面的内容都带给他们，他们消化不了。所以，我们的课程会贯穿整个小学六年。之后每年，我们的课程都在前一年的基础上继续往前走。所以，这个传统节日的课程，并非只做一年而是坚持六年，当孩子们走进课程之后，甚至将坚持一生。

等到“小彩虹们”长大了，他们也都当上了爸爸妈妈的时候，在每一年过这些传统节日时，我想，他们对自己的孩子，一定会有很多话要说，很多故事可以讲。到那时候，今天正在经历的课程故事，也会经由他们的口，讲给他们的孩子们。这便是传承。这让我感觉，生命的生生不息和这样的文化传承，不仅有意思，而且很美好。

（二）母亲节课程：

手相牵，心相连——毛虫班“手心里的光”亲子课程

白娜

▶ [课程主题诗]

亲情如叶
从天到壤
是一次清醒的执着
亲情似海
从沉到浮
是一场心灵的歌唱
亲情是光
从暗到亮
在我们的手心里
发光

——白娜

▶ [课程准备]

四年级学生非常难以引导。有些专家认为，在学习期间的十多年里，四年级学生的个性差别最大。这个年龄段是培养和塑造性格的重要时期，自觉地控制和改变一些不良习惯，选择一些正当有意义的行为方式是家长、老师应该争取的目标。进入四年级之后，我明显地感觉到了孩子们的

变化，说话、做事的独立性显著增强，对待事物的喜好也越来越分明。而在和家长的沟通中，我也越来越多地发现了亲子矛盾的发生。家长们纷纷向我诉苦和求救。为此，我决定从根入手，从“心”探源，这才有了我们班级的“手心里的光”亲子课程。

如前面所言，“手心里的光”亲子课程的目标有两个：一是在四年级这个孩子心理发展的关键期给孩子以正面的、积极的刺激，帮助他们端正心态，顺利度过这一敏感期；二是通过共读、共写、同游、同乐等活动，消除孩子们心中刚刚萌芽的对父母管束的抵触和逆反心理，引导家长学会和孩子平等交流，建立良好的亲子关系。

所以，首先，教师要学会和家长沟通，用自己持续不断的努力获得家长的认可和信任。相较于学生而言，教师和家长的沟通更为容易，但这也是关键。

其次，选择合适的诗歌和共读书籍，开展诵读和亲子共读，从思想上做好浸润和铺垫。改变一个人的观念，从阅读入手，是条非常好的途径。

第三，举行形式多样的班级活动，在面对面的交流中，直击彼此心灵。这是课程的收官，也是升华。

▶ [课程实施]

1. 走近父母

亲子关系是由双方决定的，任何一方态度和行为的缺失，都将会导致亲子关系的不和谐，乃至矛盾的发生。所以，必须同时从“亲”和“子”两个方面入手，通过一系列的努力，争取实现双方互相了解，进而理解的目标。在这个过程中，家长这个其实本也应充当引导者的角色群体，在我们这个城乡结合部学校里，也是需要唤醒的。而要想让家长也像孩子们一样对老师“亲其师，信其道”，必须付出更多的努力。毕竟，让一个成年人改变固有的想法，比起孩子来，要困难得多。

从升入四年级的第一个月起，我开始尝试着每周给家长写一封信。在信里，我会直言不讳地讲出孩子们身上存在的共性问题，也恳请家长们就我提到的问题发表意见。

换个角度来看，我又极需要各位家长的协助。其实在我心里，我的这帮孩子还是经历了许多，正在逐步成长着的。就像我今天对数学老师说的那样，我相信他们是会转变过来的，只是需要时间，需要帮助，需要肯定。在此，我想向众多家长提个要求，那就是，一定要和孩子多谈谈心，真正平等地谈心。注意，一定要平等对话，而不是质问。您可以和孩子交流作业时的心情、心态，帮他们树立凡事认真、负责、严谨的态度，并且告诉他们，这很重要，甚至比考试得100分都要重要。

我多么希望有更多的家长可以更多地关注自己孩子的成长。真的，我越来越觉得，能力一定比知识更重要。请相信我，我会在接下来的日子里就能力问题更多地去关注孩子们，也欢迎您随时向我反映孩子的表现，无论是进步，还是有下滑的苗头，都请您及时告知。让每个孩子变得更优秀，不一定是考试考了很高的分数，只要他在原来的基础上有了进步，那都应该获得我们的肯定。人生不就是一步一步地在跨越吗？只有我们看到了孩子的点滴成长，并适时给予鼓励，他才有可能迈向更光明的未来，不是吗？如果您有什么好的建议的话，也请及时发过来，我们可以共同研究。（第一封信）

为了让家长们看到我的坚持，从写第一封信开始，就没再间断过。通过每周不间断地沟通，家长们从最初的无动于衷，到有所反应，再到后来，他们的心逐渐变得柔软，在每封信的背后看到长长的反馈时，我知道，第一步，成功了。

接下来，家长委员会应运而生，自从有了家委会，好多事情都好办多了，我和家长之间的沟通也因此多了一条更加快捷的渠道。很多信息、意见和想法通过家委会的通道让我和全体家长之间的沟通更加顺畅，我们的心贴得越来越近。于是，我的许多设想实现起来更加容易了。

2. 走进孩子

孩子们的心灵是最纯洁的，在一天天成长的过程中，“他看见最初的东西，它就变成那东西，那东西就成了他的一部分”。无论是家长还是老师，如果在最初把希望孩子获得的东西带给孩子，那么，孩子会还给我们一个惊喜。所以，在得到家长有效配合的同时，我们在努力走进孩子的生命，把关于善、美和孝的东西根植进去。

我们开展了亲子课程主题晨诵“感恩的心”，从浅到深，儿童诗、古诗词、二十四孝故事，配以感恩歌曲，让这些文化滋润孩子们的心田，让这些文化中的情感打动每一颗幼小的心。在家委会的大力协助下，我们还编排了一个节目——《妈妈，我很好》，将音乐、文字和舞蹈结合，由全班同学共同完成。这个节目在学校的比赛中获得了一等奖，孩子和家长们都非常高兴。

松居直说，陪孩子看书，亲子之间交换丰富语言，是一个家庭最大的财富。在我看来，这笔财富最直接的表现就是可以改善亲子关系。结合课程主题，我挑选了学期共读书目《特别的女生萨哈拉》，希望不光是孩子们获益，家长们通过阅读，也能了解孩子内心的森林。

借助每周一信，我不断将共读展开并推进。

最后，还想和大家简单说一下读书的事情。本学期我们共读的第一本书《特别的女生萨哈拉》也是一本经得起时间考验的书，故事很有意义，尤其是觉得自己孩子“另类”的家长不妨深入读一读。我这次的安排是让孩子们先进行自主阅读，然后再出导读题，引导孩子们二次阅读，这样才会使效果更好一些。另外，我在去年就有向大家提出过一个征集亲子共读过程的倡议，当时，获得了兰雨妈妈等几位家长的响应。这一周，我让孩子们带回去的不光有导读题，还专门为您留下了记录与孩子讨论问题的地方，请您尽量抽出时间和孩子一起探讨，然后进行记录。在说这些话的时候，我总在担心是不是又给一些家长增加负担了，其实，同样作为家长，我挺理解大家的。但是，想到孩子的成长，我们做再多、再累，不都是值得的吗？期待您的加入，衷心感谢！（第二十二封信）

其次，要跟您谈的是读书的问题。上一周我让孩子们带回去了一张共读《特别的女生萨哈拉》的推进表，很高兴的是，孩子们带回来的约有三分之二都有家长参与的体现，说明我们的大部分家长都在改变。首先是意识上、观念上的转变，这些家长们不再以为读书应该只是孩子的事情，不再以为亲子共读可有可无，而是都已意识到和孩子共读一本书不但增进了对孩子的了解，增加了情感交流，而且自身也获得了美的享受。我很为这些家庭里的孩子感到高兴，因为他们拥有的不是用钱财来衡量的财富。作为家长，我们似乎更能体会，这个世界上，还有什么东西比得过一家人相亲相爱、其乐融融呢？所以，请继续这样走下去吧！既然已经迈出了第一步，那么将来一定会越来越精彩的。那么在这里还是想对大家的共读提出一点建议：1. 文本只读一遍，收获一定会有，但一定不多。古人云：书读百遍，其义自见。对一本好书，每读一遍都会有新的体会在心里，所以，建议家长和孩子开展问题讨论之前，都能够把书至少粗读加精读，这样见解会深入和全面许多。2. 为了方便大家把握主题，我给大家印发了推进题，那么非常希望大家能把讨论这些问题时的重要部分记录下来。在这里就辛苦家长了，不过请您理解，当思想的火花迸发和碰撞时，那一个瞬间转瞬即逝，如果能够保存下来，不光是对当时的一个记录，同时还可以在梳理过程中加深对文本的理解程度。3. 不动笔墨不读书，如果大家读书时都能动动笔，那么读书的效率会更高。时常有家长跟我反映孩子的写作水平总不见提高，我想，他们既然书读得也不算太少，那就该是读书质量的问题吧，如果能边读边批注，随时随地有感而发、而写，我想不光是写作水平，包括思想、见解都会有所提升吧？（第二十三封信）

上一封信中，我布置了亲子共读。这一周收回来的共读表，每一页我仔细阅读了一遍，非常感动于一些家长的文字。同时我也发现，在我们的家长群里，有着一批素质很高的朋友，他们的文笔相当优美，对文学的感悟也非常精准。是啊，就像《特别的女生萨哈拉》这本书里提到的，我们在寻找的就是“尺码相同的人”，我们就是在为孩子寻找一双最适合他们的“水晶鞋”。可贵的是，一些家长已然意识到了这一点，这绝不仅仅是写下了自己的读书感言这么简单，它更代表着这些书里传达出的精髓已经被大家汲取。相信，如果大家能真正地把读书所得用以指导自己的生活、育子，那么，一切会变得越来越轻松。当然，优秀的共读文字我会在以后的帖子里一一发布，也欢迎大家都来看一看、学一学。（第二十七封信）

经过导读、推进、主题探讨，扎实的亲子共读，我看到了真真切切的改变。被家长们诚挚的话语感动，我真心地为孩子们感到高兴。

很多学生家也发来了感悟。

认真地读完《特别的女生萨哈拉》这本书，明白了老师的用意。从这本书中我找到了自己孩子的影子，她和这个小孩子一样聪明，有时候闹人，更多时候听话懂事，学习不错，特别想让我表扬她。

书中的小女孩是不幸的，但是她很幸运，因为她有一个爱她的妈妈和一个特别的老师。这是一个感动人心的故事，从这本书中我学到了以下几点：1. 老师的鼓励和我们家长的支持是孩子极大的动力，如果只是一味地批评她，那么孩子的自信心会受到打击；2. 每个孩子都有自己的主张，也都有可爱善良的一面，她们都渴望得到老师家长的关注和赞赏，都希望被人重视被人发现；3. 不要自作主张地胡塞一些自己以为正确的理论，一定要尊重孩子们的意见，发挥她们的特长和优势。

读孩子的书，看孩子的事，听孩子的话，懂孩子的心。一本好书能带来启迪，让我们走进孩子们的内心，成为她们的知心朋友和良师益友。

丁雨佳妈妈

这篇文章印象最深的是萨哈拉对诗歌的理解："也许诗歌本身就是一种考验，就像灰姑娘的水晶鞋，你穿得上，你就变成了皇后，所以诗是有用的，但不是对所有人都有用，只有那些'尺码合适的'人才能感受到诗歌的力量。"说得实在太精辟了！我没有想过诗会是"一种考验"，一种类似水晶鞋的考验，真是大开眼界。萨哈拉在波迪小姐发的日记本上悄悄写下"我是作家"之后得到的批语是："我相信"。尽管原来那么多人都以为她是灰姑娘，但是她找到了鞋子，并成功地穿上了它，波迪小姐的批语已经不是所谓的"赏识教育"可以概括得了的。每个孩子的成长过程，都是寻找属于自己的鞋子的过程，家庭和学校在这个过程中该给孩子助一臂之力，万不能自居王子，拿一双特别尺码的水晶鞋勉强绝大多数孩子穿上。最理想的状态是：给他们每人一双合脚的鞋！

李岩妈妈

3. 活动庆典

作为课程的重要组成部分，也是课程的告别仪式，我们举行了亲子游戏。我们采用了一种非常原始的方式——蒙住眼睛，让孩子通过触摸，找到自己妈妈的手。形势看似简单，但是，要从这么多手里找到自己妈妈的手，需要的是对自己妈妈足够熟悉，母子之间足够默契。而不能摸中的是要抽签决定"惩罚"形式的。

活动开始了。一对对母子分组上台，家委会

的几位成员临时充当“后勤”，负责给上台的母子蒙眼睛，有些布条系高了，有些系低了，还有些系歪了，只蒙住一只眼，现场一阵阵笑声传来，其乐融融。游戏正式开始。站定的家长等着被蒙住眼睛后晕头转向的孩子来找妈妈，大家纷纷静下来仔细观看。有些孩子一下子就找到了，有些孩子从左到右摸一遍，没找到，又从右到左再摸一遍，还是不确定，引得观众们一片善意的笑声。有时候，一位家长被所有孩子“放弃”；有时候，会出现两人“争抢”一个妈妈的情况。最好笑的是，李文哲的妈妈身后竟然站了三个孩子，引得全场一片开心的笑声。这位母亲也在当天成了“最幸福妈妈”。

如果说活动的前半截是轻松快乐的，那么后半段的“惩罚”环节则是温馨而感人的。在这个环节里，所有在之前摸对妈妈的孩子都得到了奖励，而没有摸对的则要抽签决定自己的受惩罚形式：和妈妈深情相拥一分钟，互相说感谢的话，互说一件对方让自己感动的事。几对“受罚”的母子纷纷上场，平时在妈妈面前能说会道的孩子们在此时却不约而同地都显得非常激动，现场几度出现母子两人感动落泪的场面，有些孩子甚至一个字都没说就抱着妈妈哭了起来。那时我才体会到，不管是大人还是孩子，我们平时都真的太不善于表达了。到场的很多家长平日里和孩子不在一起吃住，有的甚至是从外地打工刚刚回来的，这次活动将她们和孩子的手拉在了一起，心也连在了一起。在放松身心的同时，我想大家一定还同时收获了亲情和理解。

仪式的最后，在场全体人员齐诵胡适《我的母亲》片段和席慕容《生日卡片》的片段，在动情的朗诵当中，所有人的感情再一次得到升华，我也悄悄落泪了。

▶ [精彩瞬间]

给全体在场人员留下最深印象的要数刘贵泉母子了。刘妈妈今年已经近六十岁了，她是在自己四十多岁时才得到这个儿子的，格外地娇宠。由于过分地宠溺，这个孩子平日里行为处事都有些玩世不恭，渐渐长大之后却又自尊心作祟，不愿和母亲同时出现，原因是怕人家说他妈妈年龄大。刘妈妈来之前在电话里跟我说了这种情况，还问我该不该来。我意识到这或许是一次拉近他们亲子关系的好机会，于是竭力邀请她来参加。果然，在第一轮摸手认亲环节中，刘贵泉没有找到自己的妈妈。按照规定，他是一定要和妈妈一起上台受“罚”的。可是，在大家的再三催促下，他始终不肯走出来。我暗想，不行，这个机会如果错过了，这个孩子和他母亲的关系或许会比以前更糟。于是，我一次又一次地延迟他们母子上台的时间，好给他足够的时间做心理建设。当所有被罚母子都登过台后，我和全体孩子一起欢呼刘贵泉的名字，这个孩子终于极不情愿地上了台。我正担心他如果抽到互相说深情的话他又不说而冷场时，很幸运的是，他抽到了和母亲深情相拥一分钟这个惩罚项目。于是，在全场观众的注目下，在缓缓柔柔的音乐的伴奏里，这对母子深深地拥抱在了一起，而刘贵泉呢，竟控制不住地泪流满面。看到这一幕，我也流泪了，我想，这应该是他们母子最动情的一次拥抱吧！

刘鹏瑶，一个所有任课教师提起来都会非常头疼的孩子。曾经在四年级时在课堂上公然辱骂英语老师，而原因就是老师批评他上课做其他作业。其实，以前一提到他，我对他更多的是怜爱。这个孩子从小父母就离异了。母亲改嫁后住得离他家很近，却从不和孩子说话。再加上他爸爸的教育方式不对，这些残酷的现实使得这个孩子的心灵有些小小的扭曲，经常在班里制造暴力事件。有一次我因为他打架而批评他时，他也曾出言不逊，狠狠甩门而去。还有一次，他和别人打架，还扬言非要打死对方，放学后死活不下楼，校长劝说也不听，最后我陪着他在学校里等到天黑他爸爸从老家赶来把他接走。对他，我常常觉得无计可施。班里第一次搞亲子活动时，他爸爸也没来，活动后他显得更为乖僻一些。怎么办呢？“手心里的光”活动前的一次和他爸爸的沟通当中，我得知他爸爸最近再婚了，孩子跟他的新妈妈相处得不冷不热，但是明显感觉得出，孩子是渴望母爱的。于是，我就强烈要求孩子的新妈妈来参加，并且还跟对方做了沟通。活动当天，孩子妈妈迟迟没有到场，我留心观察到孩子的眼神是暗淡的。后来，在我的担心中，孩子妈妈终于来了。在活动中，由于担心游戏不成功，我悄悄地做了手脚，使得这对母子成功获得一份奖品。孩子显得很兴奋，而我明白，孩子高兴的一定不仅仅是获得了一份奖品，真正刺激到他的一定是那份可望而又可即的母爱啊！从那以后，这个孩子真的一天一个样地变化着，好得让人觉得不可思议。以前几乎没看见过的笑脸，现在每天都看得到了，而到一个月后的期末考试结束时，数学老师对我说，她一定要给刘鹏瑶发个奖状，这孩子的进步实在是太大了。我当然开心得要命了，要知道，这完全是个额外的奖赏啊！

［课程反思］

在这之前，从不知道，那些在教育生活里遇到的诸多问题原来也可以通过“课程”的方式得到疏解。

其实，我在“课程”这条路上也只是刚刚起步，别说许多细枝末节的问题还没有顾及到，即使是框架上的思考和准备都是非常不足的。

第一，作为一个课程的策划者和实施者，理念和目标至关重要。课程是指向生命成长的，是要走进孩子们的心灵深处，咀嚼、吸收、沉淀，继而外化，影响和指导孩子生活的。课程不需多华丽，甚至可以很朴实，但一定要切合本班学生的实际，从班级实际情况出发，甚至要把学生个例的情况考虑进去。

第二，一个课程的完成要包含多种形式的内容，例如在课程设计中加入吟诵、音乐、美术、体验等活动形式，才能使这个课程更完整，更丰富，更生动。这除了要求教师有较为全盘的考虑之外，个人素质也很重要。在个人能力无法实现的时候，也应该考虑从其他方面入手，挖掘身边一切可利用的资源。如同事、朋友，甚至家长等。

第三，课程当中一定会设计许多相关活动，但无论是怎样的活动形式，在每一次活动的进行当中和完成之后，一定要紧扣主题，加入“点睛”之笔，“乱花渐欲迷人眼”，不可为了活动而活动。

第四，对于一些特殊的学生个例，如果计划一直无法推动，那么，在课程实施过程中，需要不断地调整策略。所以，课程也不应该是一成不变的，这需要教师有足够的教育智慧。

第五，针对“亲子”这个主题，我想，一个课程远远不能解决所有的问题，或许这个课程还只能算是一个开始，一个奠基。若想真正建立起良好的亲子关系，打造和谐的班级生活，研究孩子，研究家长都是必修课。这方面，教师必须要充电。

五、科学课程

儿童的好奇心是培养他们科学素养最好的切入点，所有的儿童都对外在的自然现象有着强烈的好奇心和求知欲。他们特别想获得基本的科学知识和技能，运用科学的思维方式和方法去进行探究，去认识和理解周围的世界，只要成年人善于引导和鼓励，他们最终能够达到物人和谐相处的自然境界。

新教育倡导师生生命共同的穿越，通过一个个科学方面的主题探究，如：养蚕课程、恐龙课程、蝴蝶课程、星月课程……将语文、数学、历史、美术、自然与社会整合在一起，通过各种活动的开展，让孩子们构建完整的知识结构，体验严谨的科学思维，发展求真务实、开拓创新的科学精神，让孩子们在生活情景中感受到科学素养的重要性。

在实施科学课程时，应面向全体学生，选择人人都感兴趣的主题。从生活实际出发，比如植物的叶子、四季的变化、昆虫的种类……可以结合儿童诗、读写绘、实践活动、课外书阅读等形式，充分利用学校、家庭、社会、大自然、网络和各种媒体等资源，将知识最大限度地丰富化，将过程最大限度地趣味化，启发孩子思考，质疑，及时交流表达，为提高孩子们良好的科学素养奠定基础。

唯有这样，对每一个主题的穿越和编织，都会行走在当下，指向未来，而我们却享受着科学带给我们的过程。这就是科学主题课程赋予师生生命成长的重要能量。

（一）养蚕课程：

见证生命的奇迹——小种子班养蚕综合实践课程

高丽霞

▶ [课程主题诗]

我奇怪得不得了，
从乌云中落下来的雨，
怎么会闪着银光。
我奇怪得不得了，
吃了绿色的桑叶，
怎么会长成白色的蚕宝宝。
…………

——金子美玲《奇怪的事》

[课程准备]

春天来了，天气暖了，班里有孩子开始养蚕了。

课余时间，他们三五成群地凑在一起，饶有兴致地谈论着蚕宝宝的一举一动。这时，可以组织班级里的孩子们进行一次养蚕和卖蚕的活动，一方面让孩子们有一次经商的体验；另一方面，在春天，带着孩子们一起来养蚕，让孩子们观察蚕宝宝成长变化的全过程，了解养蚕的科学知识，领悟生命的神奇与伟大，感受中华桑蚕文化的悠久历史，感受自己对一个生命成长的意义，从而学会关爱，学会研究，学会负责，学会生活。

“养蚕”是一项容易参与，老少咸宜的科学活动。养蚕综合实践活动的开展，是帮孩子们培育科学素养、感受生命成长的一个极好平台。

孩子们从蚕卵到蚁蚕、熟蚕，再到蚕茧、蚕蛾，全方位地接触了整个生命的轮回，这是一个完整、浪漫、科学的学习过程，也是教师对儿童潜移默化地进行科学知识传授以及人文熏陶的实践过程。

教师准备：规划养蚕课程的初步方案，通过网络了解了养蚕的悠久历史，知道了蚕从蚕卵、幼虫、蚕茧到蚕蛾的饲养与管理的相关知识，下载蚕一生各个阶段的视频资料，搜集关于蚕的儿歌、古诗词、故事。

学生准备：了解养蚕的相关知识，准备养蚕工具，准备写绘作业本，记录观察蚕生长的过程。

家长准备：准备蚕卵，指导孩子养蚕，回忆小时候养蚕的经历，给孩子讲自己养蚕的故事。

[课程实施]

“一起来养蚕”活动，分为三个阶段，设计以下一个课程框架：

目标	教师	学生	家长
第一阶段：话蚕——知识准备期	1. 了解养蚕的悠久历史。 2. 了解蚕卵期、幼虫期、蚕茧期、蚕蛾期的饲养与管理知识。 3. 下载蚕一生各个阶段的视频资料。 4. 搜集关于蚕的儿歌、古诗词、故事。 5. 了解新教育读写绘课程。	1. 孩子们通过网络了解蚕的文化以及养蚕的相关知识。 2. 每个学生都为蚕宝宝搭建一个舒适的“家”。 3. 寻找一棵桑树，确保蚕宝宝的食物供给。 4. 准备一盒彩笔和一个素描本，做好蚕宝宝的读写绘观察记录。	1. 和孩子们一起参与到养蚕的准备活动中来。 2. 讲讲自己小时候养蚕的经历，激发孩子们养蚕的兴趣与热情。

续表

目标	教师	学生	家长
第二阶段：养蚕——亲历实践期	1. 和孩子们一起观察蚕的成长过程，及时进行分享、交流、探讨；科学观察、养育蚕宝宝，了解其一生的变化形态。 2. 通过晨诵—午读—暮省的儿童生活方式，将关于蚕的儿歌、诗词、故事、读写绘贯穿整个养蚕的活动中。使孩子们在科学养蚕的同时，浪漫地感受生命成长的美妙。 3. 与生命进行编织，探讨生命的意义。	1. 每天细心照顾蚕宝宝，观察它的变化，及时交流、质疑、反思、探究。 2. 将自己每日所看、所思、所想及时记录在自己的读写绘本上，形成一个课程的记录。 3. 和爸爸妈妈多交流自己的发现，将自己的心得分享给他们。通过养蚕，让孩子们明白父母照顾自己的艰辛与不易，让亲子关系变得更融洽。	1. 每日抽时间关注孩子们养蚕的动态，倾听孩子们的养蚕心得。 2. 每日都要怀有浓厚的兴趣参与到换桑叶，清理蚕沙，观察蚕宝宝的变化中来，让孩子们感受到这是一家人共同做的一件事。 3. 对孩子们的读写绘作品及时给予回复，鼓励孩子们观察、发现蚕的变化。
第三阶段：卖蚕——生活演练期	1. 讲卖蚕的缘由、意义以及注意事项。 2. 把学生分成若干小组，明确分工。	1. 自制纸盒，备好零钱。 2. 制作卖蚕宣传页，思考多卖蚕的战略。	短信平台通知家长，准时参加孩子们的卖蚕活动，做好助手，全力支持孩子们的行动。
第四阶段：送蚕——感悟生命期	讲《獾的故事》，唤起孩子对蚕奉献精神的感悟。		

1. 话蚕——养蚕课程开启仪式

（1）话历史。

整个下午，老师将带着孩子们走进“一起来养蚕”综合实践课程的开启仪式。

“同学们知道世界上是哪个国家，什么人最先开始养蚕的吗?”老师带着问题给孩子们讲“嫘祖养蚕”的故事。

讲完故事，我告诉孩子们：正是因为有了这些桑蚕吐出的丝，古人才架起了一条连接中西方经济文化长达七千千米的丝绸之路，让世界开始了解古老而神秘的中国，触摸到了强盛而文明的中国。

美妙的故事，久远的历史就在此刻，在这间教室里被我们唤醒。这些美好事物的穿越，让孩子们的养蚕旅程多了一份神秘、亲切与自豪。

（2）话经验。

“谁来说说应该如何养蚕？或者在养蚕的过程中应该注意什么?”希望养过蚕的同学能够及时分享自己的经验。

“养蚕一定要给蚕宝宝找一个干净、卫生、透气的纸盒子做它的家。”杨博昊第一个说道，“蚕宝宝特别爱干净，一定要及时清理蚕屎，让它有一个舒适的环境。”

“蚕每天吃很多，最少要喂四次。早上一次，中午一次，下午一次，晚上一次。”

“喂蚕吃的叶子一定要干净。”郝紫茉一字一句地提醒大家，“桑叶不能带水，蚕吃了带水的桑叶会生病的。”

“多余的桑叶应该先用水洗一洗，再晾干，装入塑料袋放进冰箱保存，可以保鲜好几天呢。”我进一步补充。

“蚕特别小的时候，最好是把桑叶剪成细条让小蚕吃。”有个孩子提议。

“给小蚕换桑叶的时候，可以直接把新叶盖在旧叶上，等小蚕抓到新叶上后，再检查旧叶上还是否剩有蚕，这样可以减少蚕的伤亡和丢失。”

一个个小家伙俨然养蚕专家，听了他们的分享，很多孩子都已经摩拳擦掌了，好期待回家侍弄自己的蚕宝宝。

（3）话生长。

老师利用 PPT 课件系统地演示蚕的一生。

蚕的一生经历卵——幼虫——蛹——蛾四个形态过程，共四十多天的时间。

刚从卵中孵化出来的蚕宝宝黑黑的像蚂蚁，我们称为蚁蚕，蚕蚁出壳后约 40 分钟就会进食桑叶。

蚕宝宝以桑叶为生，不断吃桑叶后身体会变成白色，一段时间后它便开始蜕皮。蜕皮时，约有一天的时间，蚕如睡眠般不吃也不动，这叫休眠。蚕一共要蜕四次皮，成为五龄幼虫开始吐丝结茧。

五龄幼虫需要两天两夜的时间，才能结成一个茧，一个茧的丝可以长达 1.5 千米。蚕在茧中又进行一次蜕皮，成为蛹，约十天后，羽化成为蚕蛾，破茧而出，出茧后，雌蛾尾部发出一种气味引诱雄蛾来交尾，交尾后雄蛾立即死亡，雌蛾花一个晚上产下约 500 个卵，就会慢慢死去。

一幅幅图画，让他们形象地感知着蚕宝宝生命的成长与变化。这样的经验分享，会让他们在接下来的养蚕过程中不断去发现，去探究，去验证，在学习科学的路上前进一大步。

（4）话儿歌。

蚕宝宝

蚕宝宝，起得早，
吃了蚕叶就睡觉，
脱件衣服长大了；
吐出丝，造了房，
房子里边把身藏；
打开窗，爬出房，
长了一对小翅膀。

儿歌对于一年级的孩子来说，短小有趣，朗朗上口。把蚕宝宝的成长变化浓缩成一首首儿歌让孩子们诵读，非常符合他们的认知特点。

屏幕上出示这首儿歌的时候，孩子们自己开始读了起来。有的孩子边读边打着节拍，有的同桌两人面对面边拍手边朗读，有的孩子边读边做着动作，这些都是我们晨诵课上经常采用的一些形式。

自由朗读之后，我给孩子们范读了一遍，之后又将这首儿歌变化着节奏领读了两遍。接下来指读、小组读、男女生赛读。通过各种方式让孩子们熟读成诵。不一会儿工夫，这首儿歌人人都能熟记于心了。

之后，我们又一起朗诵了另外两首儿歌《蚕宝宝》和《蚕儿》。

蚕宝宝

蚕宝宝，脱衣裳。
脱一件，变个样。
脱了四件旧衣裳，
变成一个蚕姑娘。

蚕　儿

蚕儿，蚕儿，胖蛋蛋儿
吃桑叶儿，吐银线儿
银线长又长，蚕儿造新房。
造新房，做嫁妆，
嫁到哪？纺织厂。
织出丝绸千万丈，
打扮人们更漂亮。

一首首儿歌下来，孩子们都喜欢的不得了。这些儿歌就是有着神奇的魔力，让孩子们饶有兴致地读着、玩着、展示着。

最后，我们还一起欣赏了一曲儿歌《蚕姑娘》：

圆圆溜溜一座房，没有门来没有窗，里面住着谁呀，谁能猜得着呀，哎来哎吱衣吱呀嗬嗨，住了一位蚕姑娘……

2. 养蚕——精彩的课程经历

（1）蚕卵、蚁蚕。

每个同学都领了一张蚕宝宝成长记录表，贴在自己的读写绘本上。一边养蚕一边观察，及时将自己的发现填写在记录表上。

蚕宝宝成长记录表

日期	名称	身体颜色	身体长度	食量	蜕皮（有者打√）	眠（有者打√）	粪便大小

出示 PPT 课件，第一页是一张布满蚕卵的图片。

“养蚕应该从蚕卵开始，在蚕卵孵出蚁蚕这段时间，你有什么发现？或者有什么疑问，我们一起来交流、探讨一下。”

孩子们打开读写绘本，看自己做的一些记录进行交流。

“想不想看看蚁蚕从蚕卵里钻出来的整个过程？”老师用视频演示小蚕出卵的过程。

当小蚕顺利从蚕卵里出来，教室里一片欢腾。

“小蚕出来后，像个小蚂蚁一样。我们把它叫做蚁蚕。”老师顺势告知，“关于蚁蚕，谁还有新的发现？”

“蚁蚕身长约 3 毫米，是黑色的，且身上有许多毛。”

“蚁蚕只吃桑叶的嫩叶，吃剩的桑叶会是一个洞一个洞的，就像一张小网。”

“蚁蚕大约两天后蜕皮，颜色变成了前面是白色后面是褐色的小蚕，身长是 12 毫米，饭量也开始变大。”

“蚕屎也变大了点。”张爱徽抢着说了一句，教室里又笑成了一片。

孩子们之所以能够细致地观察蚕的变化，跟家长们的密切关注是分不开的。家长说自己以前对蚕的知识了解很少，这次和孩子一起养蚕，上网查找资料，做记录表，自己也收获了很多养蚕的知识，最重要是通过养蚕家长和孩子之间多了很多的话题。

之后，老师布置读写绘作业：蚁蚕是怎么从卵里出来的，蚁蚕出来后有什么样的变化？请孩子们画下来，并让家长帮忙记录自己的想法。

（2）熟蚕。

讲评读写绘作品，是每次养蚕课程开始之前的必需环节。孩子们将养蚕的绘画、观察、表达完整呈现出来，及时分享他们的发现与思考，这是非常重要的。

在孩子们讨论中谈到蚕蜕皮的事情时，老师就用视频即时播放蚕蜕皮经过的视频。看完后，老师先肯定孩子们这些天的观察与记录，也抛出一系列的问题：

蚕宝宝的身体有几节？

眼睛和嘴巴在哪里？

有几对脚？

所有的脚都一样吗？

身上有什么斑纹？

侧边的黑点是什么？

听到这些问题，孩子们都没能回答上来。老师将这些问题打印成纸条，分发给他们，要求晚上和爸爸妈妈一起寻找答案。

第二天，早读时间，王昱森已经迫不及待要分享昨晚的成果了。他在爸爸的帮助下，把所有的问题做成了图片加批注的PPT，形象直观地呈现了蚕的外形特征。昨晚，家长也跟我沟通了一下，希望给孩子十分钟时间分享他的发现。王昱森很神气，就像一个昆虫学家，侃侃谈出自己探究的成果。

（3）蚕茧。

蚕结茧后，让孩子们观察蚕是如何吐丝的，接下来在教室里交流。

“蚕先找个角落，按S形的样子吐来吐去，好像蜘蛛结网一样。后来，蚕慢慢吐了薄薄的椭圆形的房子。接下来，蚕开始倒着吐来吐去，摇着头，摇来摇去，把自己包在一个叫茧的房子里。”

孩子们相互补充，把蚕儿结茧的过程基本描述完整，看来都用心观察了。

老师也做补充：“有一个成语叫‘作茧自缚’，说人就像蚕儿吐丝作茧，把自己裹在里面。比喻一个人做了某件事，结果使自己受困，也比喻自己给自己找麻烦。”

曹园青说出一个新发现：“我们家的蚕茧有白色的，还有黄色的。”

“除了颜色，蚕茧的形状是椭圆形的。”李金璞着急地脱口补充。

“你们知道蚕在蚕茧里面是什么样子的吗?”老师取来一些蚕茧，示范怎样用剪刀剪开蚕茧，再把孩子们分成小组进行操作。

剪开蚕茧，孩子们发现蚕已经变成了蛹，没有头也没有脚，不会爬。身体变短了，成了咖啡色的了。碰到蛹时，它会左右摆动。茧里面还有一个蜕下来的皮。

孩子们观察完后，将自己的发现及时登记在蚕宝宝记录表上。读写绘作业就是让孩子们将自己家蚕结茧的过程画下来，写下来。

3. 卖蚕——难忘的经商经历

蚕养到大一些，就可以组织孩子们进行卖蚕的活动。

孩子们拿出准备好的零钱和家长们迅速地在学校门口摆好摊点。

放学铃声响了，学生们陆续从校门口走出来。这时，孩子们开始叫卖。

孩子们都希望做成第一笔生意。老师找来一个小盒子，到每个小摊点跟前都捧捧场，买个五角或一元的蚕。小家伙一听说我买，二话不说，交钱拿蚕，认真交易，丝毫没有白送之意。

一个较为羞涩、胆小的孩子在活动中发生巨大的变化。这次参加卖蚕活动，他爸爸特意坐在他身边为他加油。他们专门在一张大纸上写了几个字：大蚕一元三条，小蚕一元五条。刚开始卖蚕，孩子高高举着这个牌子挡住自己的脸，生怕别人看到他。后来，在爸爸和小组同学的鼓励下，他放下牌子，开始叫卖，收钱，帮助分蚕。他能够面对今天这样的场面，克服内心的胆怯，便获得了一份勇气和力量。

卖蚕结束，各个小组清点自己的收入，有卖六七块的，有卖十一二的，最多卖了十五块五。孩子们反复地点着自己辛辛苦苦赚来的钱，唯恐漏掉一元一角。

卖蚕的钱如数交给了家委会的妈妈，她给每个孩子发了一元工资，将剩下的一百多元做班费。

孩子们拿着自己辛辛苦苦挣得一元钱，如视珍宝，不断感叹：挣钱真不容易呀！

4. 送蚕——养蚕课程结束仪式

蚕结茧后，有孩子发现蚕茧的一端变成黄色的，出现一个小洞，蚕不见了，出来的竟然是蚕蛾。

有的孩子发现蚕蛾出来后，有的腹部胖，有的腹部瘦。

老师告诉他们，蚕蛾有雌、雄之分，触角黑色，腹部狭长，翅大，爬行较快，翅膀振动飞快的为雄蛾；触角灰色，腹部肥大，翅短小，爬行慢的为雌蛾。

有的孩子说，雌蛾不停地扇动着翅膀，是在吸引雄蛾进行交配。更细心地孩子发现雌蛾交配后屁股下面会产出像小米粒大小橙色的黏液，然后，母蚕蛾移动一下身体，那个卵就会粘在纸上了，而且还是黄色的，真神奇！

一个孩子说到蚕蛾产完卵之后就变得非常虚弱，慢慢地就一动不动，就没有生命了。说这些的时候，她的眼神暗淡下来，显得很是悲伤，使得一大波同学的情绪变得低落了起来。

对于一年级的孩子来说，如此近距离地感受着生命从诞生到离去，其间他们付出的是关爱与热情。蚕蛾的离去，对孩子们来说意味着一个朋友的离去，再也不会回来了。

在一节语文课的时候，老师给孩子们讲了《獾的礼物》这个故事，作为养蚕课程的结束仪式。

故事讲完后，老师问孩子们："獾真的离开了吗？他是走了，可是他的爱与温暖在哪里？"

"在动物朋友的心里。"舒童小声地答道。

"是啊！当大家想起他的时候，他就活在大家的心里。没有什么东西会永远消失，他只是变了一种存在的方式。"老师继续讲道："每一个生命从诞生，都会要面临死亡。只有我们明白这一点，才会倍加珍惜生命的来之不易。尽量使自己的人生活出色彩，活出自我。就像这小蚕一样，它们努力成长，一次次蜕变，直抵生命的终结，直到下一个轮回。”

《蚕姑娘》的儿歌再次响起：“圆圆溜溜一座房，没有门来没有窗，里面住着谁呀，谁能猜得着呀，哎来哎吱咿吱呀嗬嗨，住了一位蚕姑娘……”

老师布置写绘作业：送别蚕姑娘。孩子们以写绘作业的形式为蚕姑娘举行了隆重的送别仪式。

▶ [精彩瞬间]

“说说这两天你们家蚕的情况？”

我只说这么一句，孩子们的话匣子立马就打开了。

“我家的蚕因为没有桑叶，饿死了两条。”第一个被叫起的孩子沮丧地说道。

“我家的蚕真是贪吃，每天回到家里第一件事情就是喂小蚕。它们吃起桑叶来，什么都不管，只顾自己一上一下地吃着。”

“我听到蚕吃桑叶的声音是沙沙沙——沙沙沙——”

“我家的蚕已经蜕皮了。”有个小男孩得意地说，“妈妈说，小蚕每蜕一次皮，就要长大一岁。”

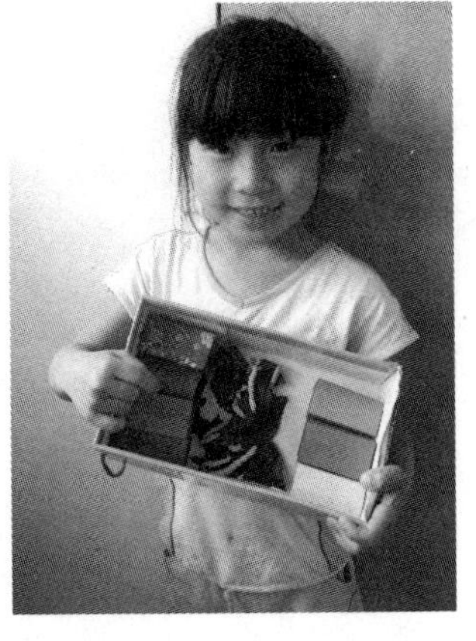

“蚕宝宝先要眠，眠后就要蜕一次皮。”我给这个小家伙一个赞。

“我们家的蚕常常是一边吃一边拉着嗯嗯。”听到“嗯嗯”，大家都笑了。

“蚕的嗯嗯，如果拧碎的话，里面还有绿色的小桑叶呢。”孩子们听到后，笑得更欢了。“我们家的蚕已经蜕了两层皮，越变越白了，饭量越来越大了。”

孩子们争相说着自己家的蚕宝宝，我突然看到角落有个孩子低着头，不停地搓着手，叫起她后，她小声地说道：“我家的蚕都死了。”说完后竟然小声地哭了起来。

看来，蚕宝宝已经成了孩子们的好朋友，它们的成长与死亡已经牵动着他们的情感。这时，班里其他孩子都安慰道：“我可以给你一条……”

看到孩子们能够这样应对这件事情，我也很欣慰。

“孩子们，你们有没有看到蚕宝宝是怎样一点一点蜕皮的?”话音刚落，孩子们便七嘴八舌地相互问开了。

很多孩子只看到蚕已经蜕掉的皮，是皱成一团的黄色的皮。为了让孩子们能够对蚕吃桑叶、蚕眠、蚕蜕皮近距离观察，我特意将这些视频资料给孩子们播放了一下。

孩子们兴致勃勃观看这一些蚕宝宝的行为，一边看一边发出惊叹。我再往教室里看去，那些哪还是七十八个孩子，全都变成了七十八条蚕宝宝了。你看，他们一拱一拱地正在蜕皮呢，一会扭动着身子，一会儿使劲地撑着肚子，表情显得很难受……

▶ [课程反思]

成长是一件多么有趣的事情。走过这段旅程，回头看，满满的都是充实。真好!

“一起来养蚕”是我们这次科学综合实践课程的主题，意在面向每一个孩子的个性发展，尊重每一个孩子的兴趣爱好，充分发挥他们的自主性和创造性。通过卖蚕、儿歌、读写绘、故事等资源与实践的融入，让孩子们学习定期测量、采集数据、简单记录；学会用较长时间观察、记录蚕宝宝的成长变化；学会发现问题、解决问题，并能用语言、图画和文字进行写绘讲述；学会和父母、同学合作、交流、分享，从而获得全方位的成长。这一课程最大限度地将养蚕这一科学实践活动丰富化、趣味化、科学化，不断培养了孩子们善于思考，敢于质疑，乐于探索，勇于实践的科学品质。

学生的生活世界是由个人、社会、自然等彼此交织的基本要素所构成。学生认识和处理自己与自然、社会、自我的关系的过程，也就是促进自身发展的活动过程。在卖蚕、话蚕、养蚕的过程中，孩子们了解我国悠久的养蚕历史，搜集和处理网络信息，自主合作获取知识，验证和积累了各项经验，不断丰富和深化了他们对生命、对价值、对文化的理解。整个课程让孩子们构建完整的知识结构，体验严谨的科学思维，发展求真务实、开拓创新的科学精神，让孩子们在养蚕这一生活情景中感受到科学素养的重要性。

此次活动更大的收获是一种关系，师生之间、亲子之间融洽的关系。孩子们感受到了从来没有过的民主与和谐，参与整个课程的每一个人，都在这段时间里围绕着养蚕这一系列活动进行探讨。无论是孩子，还是老师、家长，都在此次活动中完善了自我，提升了素质，是真正意义上的陪伴与学习。

课程永远是一个动态。走完这段路，我们发现还有更多的方式可以走向高处，好在我们永远都在反思，都在超越，直抵卓越。

（二）恐龙课程：

穿越被时间遗忘的土地——小梅花班“科学课程之恐龙主题”

宋新菊

▶ [课程主题诗]

被时间遗忘的，
穿越时光，
重临，
用探究的目光追寻，
用真理的方式诠释，
用真诚的态度走进，
轻叩科技之门，
潜心，
触摸，
灵魂，
靠近。

——宋新菊

▶ [课程准备]

9月，站在夏的尾巴上，不肯把燥热一下子吹散。“小梅花们”每天来学校时，会带一瓶水。一个平常日子的平常课间，喝水的孩子突发奇想，把水瓶倒过来摇动起来，形成了水龙卷。他兴奋地和我分享，和身边的小伙伴们分享，分享这个不经意间的珍贵发现。就是这个偶然的发现，呈现出孩子们在科学方面的兴致。

在这个世界最有兴致的童年时光里开启科学课程，希望通过科学课程的学习，知道与周围常见事物有关的浅显的科学知识，并能应用于日常生活，逐渐养成科学的行为习惯和生活习惯；了解科学探究的过程和方法，尝试应用于科学探究活动，逐步学会科学地看问题、想问题、保持和发展对周围世界的好奇心与求知欲，形成大胆想象、尊重证据、敢于创新的科学态度。

根据“小梅花”的年龄特征，科学课程首先采用了小专题的形式，于是“科学课程之恐龙专题”诞生了。恐龙周课程准备如下：

1. 深入思考研究低中年段科学课的课程标准，本着符合儿童身心发展规律的宗旨，采用螺旋上升的趋势推荐课程，最终形成课程体系。

2. 搜集整理关于恐龙专题的课程资料，挑选关于恐龙的科普读物，有效弥补科普知识摄入的不足。比如：中央电视台和中央科教台关于恐龙的科技纪录片；比如《神奇校车之追寻恐龙》《什么是什么之恐龙》《恐龙发掘史回眸》《恐龙时代》《追寻恐龙》……

3. 联合家委会，进行课程的分工，由家长承担课程的部分内容，充分合作，一起设计课程实施方式。

▶ [课程实施]

科学课程之恐龙周的实施，节奏很鲜明，从一周活动的开启，到一周精彩生活的穿越，最后是大型的告别仪式。

①恐龙课程开启仪式。

②恐龙科学探索综合课程（追寻恐龙的种类和灭绝的原因，画恐龙，纸折恐龙，泥塑恐龙，恐龙化石挖掘，义卖恐龙）。

③恐龙课程告别仪式。

一个完整的课程，要有开启仪式和告别仪式。因为仪式在新教育课程中有着重要的意义，总是以特别的方式擦亮平凡的日子，以生命的闪亮植入生命的心田。恐龙课程设计了开启仪式和告别仪式，保证了课程的完整性。

1. 恐龙课程开启仪式

课程开始前，用短信的方式和家长沟通，“亲爱的梅爸梅妈：结束课程后进行一周的“恐龙周”，这是一个综合性课程，我们会在《追寻恐龙》中了解恐龙生活的时代、种类和灭绝的原因，会走进系列恐龙温情故事，会亲身体验恐龙化石的发掘，会亲手制作恐龙，并进行手工制作义卖活动，设想也许很精彩，但我一个人的力量真的很小，需要你们的帮助、鼓励和支持。”短信发出半个小时，就接到了短信、电话、QQ留言，父母们表达着对课程的理解和支持，更有些父母第一时间就承担了课程的重任，“老师，我会画画，我教孩子们画恐龙吧！”“老师，我刚刚从网上学会了纸折手工技艺，我教孩子们折恐龙吧！”“老师，我听说网上有一种恐龙化石，进行科学课程，这样的尝试不可错过呀！”“老师，我虽然不会干巧活，布置教室的活儿，我去干吧。”

课程的容量很大，实施起来，一个人的力量确实非常的有限，有了家委会父母们的大量支持，相互编织，就从根本上保证了课程的丰富性和挑战性。大家一起干起来也更有信心了。杨梓尚妈妈主动网购了“恐龙化石模具”，希望能在开启仪式上带给孩子们一个惊喜。

“小梅花”科学探索之旅就这样在父母、老师的高度认可共同努力下闪亮开启了。

小梅花班恐龙课程开启仪式的主题是“走进恐龙世界，探寻科学奥秘”。开启仪式上重点思考并充分准备好“这一周我们都做些什么?”

我先用一段恐龙的视频，直接把孩子们带到了那段久远的岁月，一起穿越时光，来到被遗忘的那片土地上，探寻生命曾经的恢宏和奇迹。

接着，我用图片呈现了不同种类的恐龙、生活在不同时代的恐龙，孩子们看到课程的丰富性和挑战性，被激发了走进课程探寻科学的强烈愿望。接着，我把宫西达也的温情恐龙故事《我是霸王龙》讲述给孩子们，用另一种方式叩开了恐龙世界的温情之门，然后布置了接下来我们课程需要大家准备的材料，并在开启仪式上将网购的恐龙化石挖掘模型发下去，孩子们兴奋得不得了。翘首企盼恐龙周每一天的精彩生活。

2. 恐龙课程一周精彩生活

科学教育要回到探究的原点。因为人类天生就有好奇心，对自然界不解之谜有探究的本能，而恐龙是被时间遗忘在久远的土地上的已灭绝的庞大动物，儿童探究的本能使得他们对之保持持久的关注度。老师和父母最重要的是帮助儿童探究科学的神秘和神奇，帮助儿童设计科学探究的过程，并在实际的操作中形成科学的技能。

“小梅花”的恐龙周生活开始了。

一周的精彩科学生活是从带来自己的恐龙玩具，在教室里和大家交流开始的。玩恐龙可以勾起孩子们对探究恐龙世界的向往，也让他们感受到，科学课程不仅好玩，还可以像电影一样好看。好玩好看还无形中探究了神秘的世界，“小梅花”一开始就兴致勃勃。

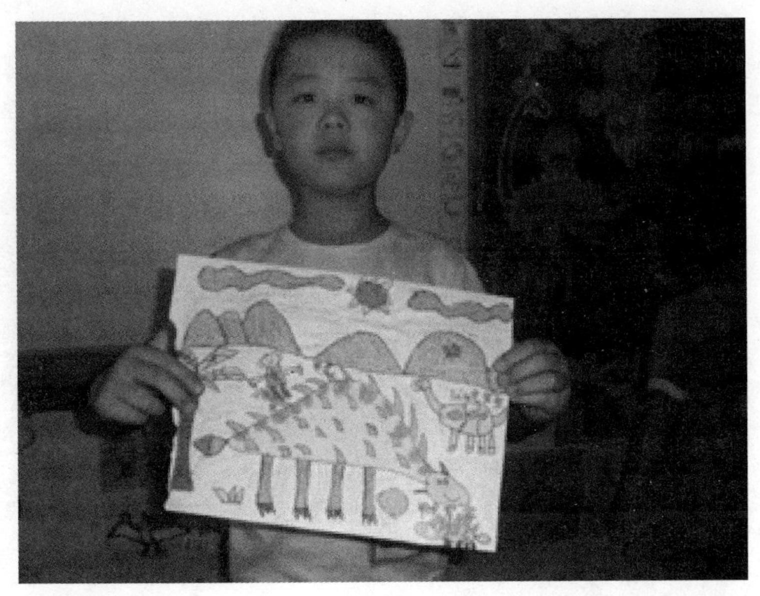

科普书《追寻恐龙》，是本周的主要教材，开始追溯那段久远而神秘的土地，走进恐龙世界，了解恐龙生活的时代和环境，了解恐龙的种类，了解恐龙灭绝的原因……

每天大课间观看中央电视台的视频资料《动物世界——复活的恐龙世界》和中央科教台的视频资料《走近科学——恐龙灭绝的原因》，这样专业的科普视频真的是太珍贵了！就这样，在别的班的孩子疯跑玩闹的时间里，“小梅花们”的思维在科学的海洋里遨游着。

接下来，我每天坚持带给孩子们一个宫西达也的温情恐龙故事，《我是霸王龙》《你真好》《你看起来很好吃》《永远永远爱你》，他们一一领略。

每天下午一个主题——画恐龙、讲述恐龙、纸折恐龙、泥捏恐龙、恐龙化石挖掘、义卖恐龙。上午学习恐龙专题科普知识，确立主题，下午动手实践，在实践中探寻真知。

画恐龙，是由谢雨晨的家长承担，她精心准备课件，分析不同种类恐龙的特征，分析各种恐龙生活的地理环境，亲手教孩子作画，然后加上自己的想象，构建恐龙生活的周围地貌和植被，进行再创造。教室里还固定开辟创作园地，让“小梅花们”挥洒自己的创造激情，每一个孩子都有展示的机会和舞台，画好了的每一个“小梅花”都可以上台来展示自己的作品，讲述自己喜爱的恐龙种类，体表特征，饮食习惯，生活习惯……这样一画一讲中，孩子对恐龙的种类特征生活的环境等由起初的浪漫感知，一步步细化在自己的脑海里，达到了精确的训练效果，但没有一点训练的痕迹。这样的玩科学，真的是太过瘾了。

王尧的妈妈带着“小梅花”做了纸折的恐龙，一节课下来，腕龙、梁龙的纸折原理清晰呈现了，再一次温习了他们躯体的特征，“小梅花”的小巧手，又一次创造了奇迹。可爱的黄飞翔一定要折出三个后才肯上台展示，因为他的世界里一定要有爸爸妈妈和他，他坚持说“我绝不让它孤单一个”。王尧妈妈那天在QQ里的记录是：今天，给小梅花班上了一节折纸课，大家都很兴奋，也很认真。每个孩子折的恐龙也都不一样，千奇百怪的，不过每个孩子脸上的笑容都是一样的。只要孩子们高兴，一切努力都是值得的。

宋昀书的妈妈教大家泥塑恐龙，软软的一块从老家的责任田拉来的黄河泥，成了我们最好的泥塑原料。孩子的小手一次次征服了泥土的软和，终于被无极限的进行创造，看着最喜爱的恐龙玩具造型，一只只恐龙活灵活现的从小手上诞生了。

挖掘恐龙化石，是所有“小梅花”翘首企盼的活动。跟着《小牛顿科学馆》，我详细讲述了恐龙化石的形成过程和原因，接着用视频的方式，立体地呈现了化石的一步步变化和形成的过程，到最后被人类发现和挖掘，托运，整修，做成化石模型。看着科学家们全身伏地投入工作，看着考古学家们不畏艰险地在野外工作，“小梅花”的神情凝重地开始了自己的挖掘之旅，心中不仅仅是新奇了。

发下化石之后，在桌子上铺上报纸，孩子们就开始了考古学家们的探究之旅，教室里除了挖掘工作发出的声音之外，只剩下他们或急促或平稳的呼吸声。挖掘出来一点闪光时，“小梅花”的眼角眉梢都是“发现”“探究”的幸福表情。一个个小手都白乎乎的、被石灰涂抹得满满的，但“小梅花们”都无暇顾及，专注、持久地坚持做一件事的品质此刻毫无疑问地培养起来了。

的确，整个课程的方式多样，内涵丰富，“小梅花”动手和思考的机会也越来越多。我深深地体会到：制作过程的持久性磨炼，制作过程中温情的流露，制作中自己创造的思考……这些不都是儿童成长中必备的品质的修炼吗？如果以此来判断我们的课程的话，课程的丰富性和实效性，课程的内涵和外延，课程带给我们的思考和改变，都让我们震撼，真的是“思维改变命运”，“科学点亮人生”。

“走进恐龙世界”是本次课程的口号，努力营造恐龙文化，让恐龙文化渗透到骨髓里，流淌在我们的呼吸里，浸润在血肉里，成为生命的一部分。

这次是一定要一起布置教室的。周三下午，王越潼妈妈和飞翔妈妈、王尧妈妈把孩子们折的恐龙用线穿起来，等孩子们放学的时候，又把这些恐龙挂在了教室里。从天花板到地面，从前门都后门，从前黑板到后黑板，加上教室四围的墙壁，全部用“小梅花们”的不同创造在装饰，这里俨然是一个真正的恐龙世界。这种“泡文化”一直是儿童课程倡导的生活方式。

3. 恐龙课程告别仪式

激动人心的一周生活很快就要结束了，课程近尾声时，开始思考课程的结束仪式。我们为这次课程策划了大型的结束仪式，而且这次结束仪式不像往常在教室里进行，我们选择了当地最大的龙泉湖公园。

结束仪式的准备工作从制作宣传海报开始，电子海报和纸质海报要同时开始设计。学习设计海报是课程的一点额外的奖赏，由宋昀书的妈妈负责来教大家如何设计和制作宣传海报，内容包括海报的主题、海报的配画、海报的色彩、海报制作中字体的要求、制作人和日期的书写。一张张稚嫩的海报，开始彰显“小梅花”张扬而蓬勃的生命力。

海报制作好了，如何呈现呢？我带着海报制作得最优秀的几个“小梅花”，来到校长室，和校长沟通海报在学校张贴的位置，然后向“小梅花”亲身示范，到时候如何交际。接着“小梅花”就开始自己走进每一个年级，张贴小梅花班科学课程之恐龙周告别仪式宣传海报。

我在网上和家委会沟通分工：举行告别仪式的地点需要飞翔妈妈踩点；王尧妈妈负责后勤准备工作，越潼妈妈和居敬妈妈负责现场的秩序和安全；昀书妈妈负责现场的技术指导。

告别仪式分为五个流程进行：崔正轩妈妈讲述恐龙故事；“小梅花”七彩笔画恐龙；“小梅花”小巧嘴讲恐龙；“小梅花”小巧手捏恐龙；“小梅花”义卖恐龙。

崔正轩妈妈从绘本馆里选择了一本“小梅花们”不太熟悉的恐龙故事，作为今天的开篇故事，在现场带给孩子们，只见“小梅花们”安静地聚拢在崔正轩妈妈的身旁，仰着小脸，聚精会神地跟随着阿姨的讲述走进久远的恐龙时代。接着崔正轩妈妈为了活跃现场的气氛，给“小梅花”带来抢答题“最大和最小的恐龙”“最早的恐龙”“最迟的恐龙”“体型最大的恐龙”“体型最小的恐龙”“牙齿最长的恐龙”“最早被发现有羽毛的恐龙”……“小梅花”提高嗓门抢答着，争先恐后，现场的气氛特别好，每个孩子的脸上都洋溢着快乐的笑容。

画恐龙的环节到了，“小梅花”拿着自己事先准备的绘图用具，三五成群，开始了画恐龙，接着8个人一组，给大家讲一下自己画的恐龙的名称、特点等。折恐龙时，“小梅花”已经是轻车熟路了，大家进行得非常快，小手飞快地折着，小嘴和大家交流自己的恐龙。最有意思的是捏恐龙。孩子们手中的恐龙那么栩栩如生：“我的是三角龙”“我的是风神翼龙”“我的是霸王龙”……虽然每个学生最后都两手泥巴，但是当他们看到自己的作品时，都高兴地笑了。

“我的作品能卖出去吗？会有人买吗？”一听说要去卖恐龙，孩子们争先恐后地跑到了人群里。“阿姨，我的这个恐龙是三角龙，很漂亮，你买个吧？我买一送一，送我的手工作品。”“叔叔，你买吗？”……

其实家长们比孩子还担心，如果真的没有人买，多打击孩子们的积极性啊！其实，孩子们比我们有信心，坚持才能胜利。价格不是重点，只要有人买就行。一件作品只卖一块钱，实在不行就五毛钱也好啊。事情出乎预料。王越潼的作品是第一个卖出去的。接着是第二个、第三个……孩子们的脸上都乐开了花。

活动一直持续到晚上8点才结束。我们一起合影留念。临走时，梅爸梅妈高兴地交流：活动前我们都很担心，但现在看来今天的活动应该算是圆满结束！

活动结束后，同学们都及时写了感悟，在此分享一篇。

小梅花恐龙世界

宋昀书

今天，我们去龙泉湖门口集合站队，准备进行我们小梅花班的“恐龙世界活动”。活动的第一项——讲恐龙故事；第二项——画恐龙；第三项——折恐龙；第四项——捏恐龙；第五项——卖恐龙。这就是我们的活动。

画恐龙时我们要先勾出它的边，然后再涂上色。我画的是剑龙，画面里有一只恐龙在草地上玩耍，它站在那里，笑嘻嘻的。我给它周围加上了绿草、大树。它是食草型恐龙。

第二项折恐龙是王尧的妈妈教我们折的。我折的是剑龙，上面没有刺。有人折的是三角龙，他就是郭庚昕，他是我们班最会折纸，写作业也最快的人。

第三项捏恐龙是妈妈帮我捏的。妈妈帮我捏了一下恐龙的身体，然后我捏了四个腿，我把它们插了上去。

最后我们去卖恐龙。我卖的时候好几个人都不要，有人是已经买过了，最后有一个阿姨把我的恐龙买了。小恐龙卖了一块钱，还买一送一，买泥恐龙送纸恐龙。我卖过恐龙以后又自己奖励自己一个小雪糕，我心里又唱了一首歌，这首歌是《雪糕雪糕我爱你，你是我的天使》。

我今天发现，我卖恐龙的时候有点害羞，要是我可以给别人讲一下这个泥恐龙的用处，也许早就会有人买下来的。不过我也好歹把恐龙卖了，所以今天是我的大喜日啊！

这就是今天的恐龙世界。

▶ [精彩瞬间]

一周精彩的生活中，可圈可点的地方真的太多了。家委会的通力合作真的让人感动。杨梓尚的妈妈第一时间帮忙网购“恐龙化石”，谢雨晨家长、王尧家长、宋昀书家长主动承担画恐龙、折恐龙、捏恐龙的课程任务，其用心的程度从制作精美的课件中就可见一斑，来到教室之后更是整节课泡在孩子们中间，手把手地教每一笔的画法，每一折的用力，每一刀的力度，一次次对照恐龙的形体特征、恐龙的饮食习惯、恐龙的生存环境告诉“小梅花”如何修改自己的作品，更完美地呈现自己深度了解的恐龙。“小梅花”时不时和嘉宾老师辩论，时不时地投去尊敬爱戴的目光。教室的第三个角色——父母，真正地走进了“小梅花”的教育，找到了一条通往亲子之间的最温馨和谐的路，这条路上洒满了“小梅花”快活的笑声。

恐龙周告别仪式是这个课程的重中之重。海报的制作和宣传是“小梅花”遭遇到的第一个难题，在教室里挑战恐龙的科普知识，并以自己喜爱的方式表达出来，画恐龙折恐龙捏恐龙都没有难倒小梅花，可是海报的制作和宣传却让孩子们望而却步，尤其是我让“小梅花”走进校长室进行宣传，大家更是又吐舌头又瞪眼睛。这一次，我先带着他们走进了校长室，让“小梅花”看着我是怎样进行的这次宣传活动，然后让他们几个一组，自己走进各个年级里进行宣传。这种胆量和口才的双重锻炼，着实让他们的综合素质提升了一把。

尤其是最后一个环节——卖恐龙。性格非常外向的“小梅花”，喜爱这样的与外界交流的环境，迫不及待地走进人群中开始兜售自己的恐龙。个性内向胆小的“小梅花”看了妈妈一眼又一眼，还是胆怯地迈不开步子。梅爸梅妈们看着非常着急心焦，但我们已经事先约定好了，父母不准发出声音的。特别是黄飞翔的妈妈，飞翔家条件好，他平日里这样的事情做得太少了。妈妈跟着飞翔走进了游乐场的人群里，看着游人从孩子的身边走过，妈妈的心都碎了，孩子的心里也非常焦灼难耐。其实我们应该感谢身边的每一个人：冷漠不语的，告诉了孩子要学会等待；热情善良的，告诉了孩子要看准时机；懂得教育的，告诉孩子要见机而动……这就是在教给孩子一生有用的东西，这就是孩子人生中淘到的第一笔金。这是多么珍贵的成长时机！“小梅花们”在恐龙周里不仅仅增加了科普知识，锻炼了自己的动手操作能力，进行了海报制作和宣传的实地学习，还淘到了人生的第一笔金。他们在课程中提升了自己的综合能力，而且是在玩中快乐地学习，“小梅花”高兴地说：“这样的生活我太喜欢了！”

▶ [课程反思]

这次“小梅花”科学课程采用小专题的方式，是因为专题研究是小学生学习科学的典型经历活动。不管前人是否已经做了研究，对小学生而言，只要是他们不知道而又想要知道的科学问题，我们都可以给他们提供研究机会。由于恐龙早已经从这个世界上消失，探究恐龙之谜，反而更能增加探究的兴致和意义。于是我们小梅花班师生共同拟定“穿越被时间遗忘的土地，走进恐龙世界”专题。在这个专题中，我们用一周时间，采用了“学恐龙知识”“学画恐龙”“纸折恐龙”“泥塑恐龙”“从化石中挖掘恐龙”等儿童非常喜爱的方式，整合成丰富的课程资源，让“小梅花”在玩中学科学，探究久远的时代，走向灭亡的恐龙帝国的奥秘。整个恐龙周结束后，“小梅花们”对恐龙的喜爱，尤其是对恐龙知识的浪漫感知，明显有了质的提升。

在科学课程之恐龙主题的探究和实践中，我做了这样的思考：

1. 要增加科学小专题的厚重性。由学生提出一系列的子课题，再由小组或个人分头去研究，老师指导学生将研究过程和研究结果写出报告。

2. 科学课程实施要形式多样，比如进行科学幻想、科学制作、科学游戏、科学欣赏、科学竞赛、种植饲养、调查访问、角色扮演……尝试更多的形式，给学生提供更多能直接参与的各种科学探究活动，让他们自己提出问题、解决问题；提供充分的科学探究机会，让他们体验学习科学的乐趣，增长科学探究能力，获取科学知识，形成尊重事实、善于质疑的科学态度。

3. 尝试建立家庭实验室，家里的客厅、书房、阳台、厕所……只要有可利用的空间，都有可能建立起面积不大的实验室，开展各式各样的科学和生活实验。几根吸管、一杯水、锅碗瓢盆，这些日常生活中的常用物品都成为实验室的器具；爷爷、奶奶、爸爸、妈妈都成为家庭指导老师和“实验员”。鼓励学生建立家庭实验室的目的在于让孩子们都有参加科学研究的机会，弥补了常规科学课堂在时间和空间上的不足，使学生能将课堂上所形成的科学能力、素养延伸到课外。

六、 艺术课程

美国诗人惠特曼在《一个孩子向前走去》中写到：有一个孩子每天向

前走去，他看见最初的东西，他就变成那东西，那东西就变成了他的一部分……

艺术呈现人的美好，艺术教育成就人的美好。从“呈人之美”到“成人之美”，新教育认为，艺术教育是让每个人通过幸福完整的教育生活，成为完整幸福的美好的人，是“成人之美”的手段；教师是最擅长于“成人之美”的人，首先帮助成就他人，同时在此过程中成就了自己的“成人之美”。

美好的事物，艺术地呈现，胜过了多少说教性的道德灌输；美好的事物，需要被美妙地感知。开展艺术课程，就是一个个“成人之美”的过程。在这一浸润美好的过程中，与美好对话，唤起的不仅是审美的享受，也有人格、心理的净化与升华。

音乐、美术、电影、戏剧都是用艺术的形式把人带入美的殿堂，如何用课程的方式，汇聚这些美好事物，丰富孩子的生命体验，提升孩子的艺术鉴赏力，许多老师都做出了尝试。

（一）电影课程：

步入电影丛林——君子兰班的电影课程

王桂香

▶ [课程主题诗]

步入电影丛林
既看到故事又看到美好
还有，更深刻的灵魂
在电影中徜徉
最终看到自己
看到生命的种种未知

——改编自电影《死亡诗社》诗歌

▶ [课程准备]

一部优秀的电影作品，本身就是极好的艺术教育资源。

2009年秋季，我加入新教育网络师范学院，选修了“网络教师电影课程”。课程里每两周研讨一部电影，讲师们运用教育学、心理学、存在主义哲学等解读武器，给了我很大的启发。于是，我便也想在教室里开展电影课程。

那么，电影课程能够带给学生什么？该怎样在自己的教室里开展电影课程？

首先，要有明确的目标，这是设计课程前教师应该非常清楚的。如果目的是娱乐和刺激，或者只是感动，那只是浪费学生原本就很紧张的时间，就没有做课程的必要了。

其次，要精心挑选影片。影片要适合学生所处的年龄段，要能在某一方面给学生的生命以启发，要从学生当下的生命需要出发，去粗取精，选择最优秀的影片，并按主题给电影分类，设置讨论题目，用问题引领讨论。

第三，教师要用心解读影片。综合运用教育学、心理学、哲学等多种解读武器，也可以参考网上的优秀影评。预设讨论题目，避免随意讨论。在教师有高度地引领下，学生才会看得深入，影片才会对学生的人文素养和人格境界产生积极影响。

最后，要清晰地规划课程并实施。如何组织观看电影，以及观影后的讨论和学生的观后感写作，最好有一个固定的时间来实施。

▶ [课程实施]

1. 确定电影主题

做电影课程，首先要有明确的目标。

我们班电影课程的课程目标是：

①丰富师生的精神生活，为孩子们的学习释压。

②在电影中体验人性，受到情感、人格的熏陶。

其次，要确定主题、内容以及采用形式（如下表）：

主题	不惧风雨	接纳自我	忠诚真情	青春萌动	自由之路
篇目	《风雨哈佛路》 《小鞋子》	《叫我第一名》 《国王的演讲》	《南极大冒险》 《忠犬八公的故事》	《怦然心动》 《侧耳倾听》	《肖申克的救赎》 《浪潮》
形式	观影、讨论、写作				

另外，对孩子们特别喜欢的某个主题，可以延伸观看一两部电影。比

如第二板块“接纳自我”，我们看了《叫我第一名》和《国王的演讲》后，还观看了《自闭历程》。

2. 固定观影时间

因为九年级面临中考，能够用于电影课程的时间有限，所以每学年只能看十来部电影。为此，我在班级刊物《君子周刊》开设了一个栏目：君子电影，每一期都向孩子们推荐一部电影，并简单介绍剧情，让他们自己自由选择观看。

另外，我们是农村寄宿制初中，孩子们周日下午便返校了，下午四点整，电影播放准时开始。看完后，我们会利用一节晚自习讨论影片的内容、主题还有收获。讨论后，学生利用当晚的班会时间写观后感。

看之前，在前一周给孩子们的信里，我会提示要看的影片名，简单介绍电影的基本情节，提出看后我们要讨论的问题。这样的铺垫是很有必要的，学生在观看的时候会更容易看得进去，家里有电脑的学生会在家里先看一遍，到校后与同学们一块儿看再看一遍，收获会更大。

3. 聚焦观影时光

下面以“忠诚真情”这一主题为例来介绍一下我们的观影过程：

首先，根据主题选择电影。

有关人与动物之间温情的电影，孩子们是非常喜欢的。我选择了《南极大冒险》和《忠犬八公的故事》两部电影。选择《南极大冒险》是因为以前在“网师电影院”主持过这部电影的讨论，对它进行深入解读过，而且前几届学生也非常喜欢。《忠犬八公的故事》则是向学生征求意见的时候，一些学生主动向大家推荐的，我看了之后也感动得流下了眼泪，开始思考这部影片打动我们的究竟是什么。

其次，观影前要先做一些铺垫工作。

我在提前印发给孩子们的每周一信的后面，预告了要看的影片《南极大冒险》，简单介绍了剧情：《南极大冒险》讲述的是南极向导杰瑞与他的八只雪橇犬之间的故事。故事讲述杰瑞带着雪橇犬帮助科考队去南极寻找水星陨石，遇到暴风雪，迈克拉伦博士掉进冰水中，被狗狗们救了出来。但是，因为天气恶劣科考队要离开南极，而飞机承重能力有限，就把狗狗们留在了南极。狗狗们在那里挣脱了绳索，战胜了暴风雪和饥饿的威胁，顽强地生存下来。几个月后，杰瑞他们重返南极，将狗狗们带出了那里。

第三，设计讨论的问题，制作讨论用的PPT。

我们讨论了三个问题：

①影片中的三个团队（狗狗团队、探险团队和寻狗团队），你更喜欢哪个，为什么？

②你如何理解电影的主题（这是人与动物之间的温情故事、人的成长故事，还是对人类中心主义的反思）？

③片名是《南极大冒险》，你觉得杰瑞还有迈克拉伦的冒险值得吗？你有值得你去冒险的事物吗？

第一个问题，意在指向对杰瑞和迈克拉伦这两个人物形象的认识分析，以及对狗狗们的集体精神的理解。

从孩子们的发言可以看出，孩子们对杰瑞的变化并没有深刻体认，我提醒同学们：《特别的女生萨哈拉》一书中，波迪老师说，主角是那个变化着的人，大家看看杰瑞的变化表现在哪里？接着，我将问题更具体化，给同学们思考的方向：杰瑞到迈克敦驻点后，急切请求返回救狗狗们，回到国内后也没有放弃，接连为此奔波了一个月，但是，他没有得到支持，仅仅是因为天气原因吗？

经过讨论，同学们认识到：去南极寻狗狗，这是杰瑞自己的目的，可是开始的时候，他把这一目的强加给飞行员也就是他的准女友卡蒂，还有迈克拉伦，认为他俩应该不顾一切帮助他，所以当卡蒂因为天气原因拒绝的时候，他俩之间有这样两句对话：

卡蒂：听着，我知道你想让我设法帮它们回去，我知道你对我失望了。

杰瑞：不，你不知道，又不是你不得不降低你的期望值。

因为杰瑞对卡蒂的失望，一场即将开始的恋爱也悄然中断了。后来，杰瑞拜访驯犬人铭多，铭多讲述了他父亲寻找自己狗狗的故事。这个故事，是驯犬人铭多父亲的故事，也成了杰瑞的故事。因为通过这个故事他明白了消沉躲避不是办法，重要的是行动！而且，一旦行动起来，总会有人帮你。于是，在经历几次寻船失败后，卡蒂、库珀和迈克拉伦过来了，这些尺码相同的人，又走到了一起，为帮助杰瑞实现愿望。

我们还联系《论语》里面的一句，子曰：君子求诸己，小人求诸人。同学们于是明白，真正的强大，不是依靠外力，而是自己的努力。而且杰瑞的故事也告诉我们，只要上路，就会遇到与你同行的人，我们不孤单！从迈克拉伦那里，同学们也感悟颇多。

我又特意将一段对话向同学们展示出来，这是面对暴风雪即将到来的讯息，杰瑞与迈克拉伦的对话：

杰瑞：我们明天一早离开。

迈克拉伦：我不能试都没试就走。

杰瑞：作为向导，我有义务保证你毫发无损地回去，那是我的义务。

迈克拉伦：我们现在要找的石头可能来自另外一个世界，我们有可能在这个冰川世界找到来自水星的第一块陨石，那将指引我们发现无法想象的东西。我们翻山越岭，跋河涉水，令人兴奋的不是已知而是未知。未知是你即将揭开的神秘，我走了大半个世界，一直在追寻我认为很重要的东西。杰瑞，求你了，请你……你有很多机会接触你所关心的……

杰瑞：半天时间，去东岸线找找，但是在明天中午之前我希望能回到雪橇上。

同学们分角色朗读了这段对话，也明白了一点：说服杰瑞的，是迈克拉伦的坚定与执着，不惧探索，这也是杰瑞身上的特质吧，两人尺码相同！而且迈克拉伦博士也是有自己原则的人，所以不用基金会的钱帮助杰瑞。有同学就说这不是雷夫老师总结的人格的第六阶段嘛。是的，我有我的原则并奉行不悖！是什么使他改变了主意主动帮助杰瑞呢？他儿子的那幅画《MY HERO IS ——THE DOGS WHO SAVED MY DADDY》。我趁机引导孩子们思考、讨论：真正的英雄是什么？勇于担当，不去逃避，不找借口。

狗狗团队，是同学们都非常喜欢的，这个团队里，哪些地方令我们动容？同学们总结出了它们的品质：勇敢、拼命、团结、服从、互助，以及对杰瑞的忠诚与信任。

第二个问题，意在引导同学们思考这部电影的主题。

一部优秀的电影，总是具有全息性。开始，同学们觉得这部电影是在表现人狗真情：恶劣环境中的互相温暖，信任，不离不弃。由于前面对杰瑞的变化进行了深入讨论，同学们认为这也是人的成长故事：求诸他人，转而求诸自己。对于我列出的第三个主题，对人类中心主义的反思，大家都说没看出来，于是我给出了一段从豆瓣上找到的影评，联系电影内容，大家也认同这个主题了。确定哪个主题最主要，其实没有多大意义，这只是引导同学们从多个角度来深入思考的一个方式。

第三个问题是要同学们联系当下。

我问同学们：如果人生就是一场冒险，杰瑞甘愿为之冒险的事物是心爱的狗狗们，迈克拉伦愿为科学事业冒险，那么，你甘愿为了什么而冒险呢？有的同学说，为了梦想而努力的过程，其实就是一场冒险。为什么？因为选择了追寻自己的内心而生活，就拒绝了平庸与安逸，就会遭遇重重阻力，但是和杰瑞去南极寻找狗狗们一样，是值得的，这是存在意义之体现啊。

第二部影片《忠犬八公的故事》讲了大学教授帕克在小镇的车站上偶遇一只可怜的小秋田犬，让它成为了家庭的一员，为它取名为八公。八公每天都在车站等待教授下班归来，教授上课时突然去世，可是，之后九年时间里，八公依然在车站等候，风雨无阻，直到它最后死去。

对这部影片，只是讨论了两个问题：

①这部影片为什么会深深地感动我们?

②分享一下你与狗狗们的故事吧，其中最感人的故事是什么?

同学们起初只关注八公对教授的忠诚不渝，其实爱是相互的，教授对生命的悲悯与大爱（在车站救助八公并带回家，对八公精心照顾），才有后来八公在车站的日日等候。什么是爱?爱不是接受，是无私无怨地付出。同学们分享了自己的故事，都是一些细节，同样令人感动。

最后，让孩子们结合自己的生命感受写出影评。

“忠诚真情”主题观影结束后，孩子们写影评或观后感，把自己置于其中进行对话，在班上进行交流。我们择优选择了几篇优秀观后感，放在我们的班级刊物《君子周刊》里。

生命，需要一次冒险

李雅琳

这周的君子影院，我们和王老师一起观看了电影《南极大冒险》，看完后我们还花了一节课进行了相当热烈的讨论。其实上周看到王老师在信里推荐这部电影，我就在家里看了两遍，真是越看越喜欢啊。

这部影片主要讲述了杰瑞和八只雪橇犬的故事。迈克拉伦博士在冬季来临前，执意前往墨尔本山，去寻找来自水星的陨石，杰瑞作为向导便领着他前往了，于是故事由此展开。

我发现每当我看完一遍就总会收获一些更深层的东西：第一次观看，我只看到了人与动物之间的友谊以及团队的力量，第二次观看，我看到了迈克拉伦博士对科学的那份执念。这次我们一块儿观看并讨论，我看到了杰瑞的成长，还对我们人类的所作所为进行了反思。

在讨论过程中，我们看到了迈克拉伦博士寻找陨石是冒险，杰瑞重返南极寻找狗狗们是冒险，对狗狗们来说，这又何尝不是狗狗们的一次冒险呢——狗狗们以前被人类驯养着，它们在零下50摄氏度的环境中生存了一百多天！这也是人类的冒险——当杰瑞把狗狗们抛弃在南极后，各个基金会对杰瑞的求助都持冷淡、漠然的态度，难道狗狗们就不是生命吗?如果我们对人类最忠诚的朋友都要抛弃的话，世界也许也会抛弃我们，所以南极大冒险，不也是人类所冒的一次险么？

当然，在观看与讨论中，我收获到的还有很多，其中还有对我来说最重要的一点，便是杰瑞的成长，从刚开始的求诸人到最后的求诸己，他的思想改变真的让我有很多感慨。一个人把自己的目的强行加给别人是错误的，因为没有人有义务为你做一切事情，所以孔子说“君子求诸己”啊，让自己强大起来才是该做的。还有一点就是杰瑞想让迈克拉伦挪用基金会的钱时，被拒绝了，因为“我有我的原则并奉行不悖”，这是迈克拉伦已经达到的人格境界，虽然那些狗狗们救过自己的生命。

因为飞机承载有限，丢下狗狗们，几个月内，各个方面都以天气不适合为理由不支持杰瑞营救狗狗们。这不就是人类自我中心主义思想在作祟吗？在地球生态急剧恶劣，人类与其他生物冲突加剧的时代，我们真的要像王老师所说的那样，应该好好反省一下这种自我中心主义和以人类为唯一的伦理逻辑了！

与《零下八度》《极地长征》比起来，我更喜欢《南极大冒险》这个片名，迈克拉伦为了科学事业甘愿冒险，杰瑞为了狗狗们冒险，值得我为之冒险的事物是什么呢？那应该是我的梦想所托吧。无论如何，生命，需要一次冒险！

▶ [精彩瞬间]

《怦然心动》讨论花絮

影片中，朱莉喜欢在树上远眺的感觉，而男主角布莱德奇怪一个初中生怎么有这样深沉的想法。

老师问：你有过类似的感受吗？

学生：上周我抱着一棵梧桐树，尝试与树对话，感觉树能听懂我的话。

老师问：嗯，孤独的时候，树是很好的听众。但我们在这里可以把它理解为一种隐喻。站在树枝上，增长了你的高度。而一个人精神的高度决定他能走得多远。这个高度，或者通过阅读，或者是丰富的阅历，或者是痛苦的遭遇才能提高。

老师问：关于整体与部分，父亲问朱莉喜欢布莱德什么？朱莉说喜欢他明亮的眼睛和微笑。父亲说，你不能用部分代替整体。朱莉明白了其实自己并不了解布莱德。

学生：是的，朱莉明白了其实自己并不了解布莱德。这让我想起《酬乐天扬州处逢席上见赠》里的颈联：沉舟侧畔千帆过，病树前头万木春。这诗句告诉我们一个哲理：社会总是要向前发展的，新事物总会取代旧事物。而我们也不能把抽出来之后后人赋予它的意思代入整体当中。

老师问：同样，看一个人，也不能只看他的优点或缺点，要对其进行整体评价。那布莱德又是怎样成长的？

学生：布莱德为朱莉种上一棵梧桐树，就是他成长的标志。他用这种方式补偿，补偿他没有支持朱莉保护那棵大梧桐树，补偿他以前对朱莉的不尊重——说她家院子一团糟，倒掉朱莉送来的鸡蛋，意图在餐厅强吻朱莉等。这一行为，标志着布莱德已经成长了，懂得了为以前做错的事负责，也是对朱莉爱意的一种表示。

老师问：影片最令你怦然心动的地方在哪里？

学生：布莱德的父亲很有意思，他在餐桌上嘲笑马特和马克，其实是潜意识的流露，他等于是在否定过去的自己，他的确是一个懦夫。

学生：我很喜欢朱莉的父亲，因为他很尊重孩子，朱莉的母亲也很尊重孩子，所以两个人先后找朱莉道歉并跟她深谈，这是中国很多父母做不到的。

学生：你看朱莉的妈妈，当朱莉对妈妈说布莱德在学校想要亲她的时候，她没有大惊小怪，要是我们的父母，早就当成什么惊天大事了。

老师问：是啊，这就是两国文化的大不同。其实这种青春期的萌动，我们在《草房子》里见过，在我们周围见过，在我们心里不也是存在的么？

学生：但是，我父母从来不跟我们交流这个问题，老是认为我们还是小时候那个无忧无虑的小孩。

老师问：那你有没有试着主动跟父母沟通呢？当父母不好意思跟你谈这个话题的时候，你可以主动跟父母交流啊。

最后老师向大家推荐殷健灵的“心灵成长系列”小说，还有两本《悄悄话》，同学们可以自己阅读。

▶ [课程反思]

一部部电影，在我们的电影课程里，闪现精彩，让孩子们看到了人性的美好当然也有丑陋的一面，看到了自己，以及自己生命的可能性，也教孩子们学会了审视自己，观察与思考周围的世界。

现在反思电影课程，下面几点是需要进一步改进的：

第一，活动形式应该更加丰富。在观影后我们组织讨论，就是让孩子在随笔中写收获，基本上每个主题的电影都是这样的形式。如果能够根据电影情况，让孩子制作电影海报，进行电影配音，或者小型生命叙事剧的演出；在选择电影的时候，能够进行调查问卷，征集孩子的意见与想法，拓展电影的选择范围等，这样电影课程便会更丰富，孩子的生命也会因为电影课程更加敏感。

第二，朱永新老师在年会报告中指出：新艺术教育，必须人人参与，舒展个性；必须立足生活，吻合节律；必须学科渗透，走向综合。反思我们的电影课程，完全可以打破学科壁垒，引入有关人文历史、科普方面的纪录片，甚至好的访谈节目、讲座视频什么的，也可以放进电影课程中来，不能被“电影”二字束缚了思维。

（二）美术欣赏：

激情燃烧的悲情天才——走进凡·高

付以华

[课程主题诗]

一根线的散步
一块色彩的感受
用视觉感知艺术作品的综合元素
分离与重构、生成与破裂、捕捉与发现
成为孩子眼中另一种风景
在经典的艺术作品中构建出孩子心中的童画世界
慢慢睁开了艺术的眼睛
成为孩子表达认知世界的语言符号
成为孩子回归自然获取知识的途径
用艺术润泽孩子的生命
用创造构想孩子的心智

——班诗

[课程准备]

美术欣赏课程是以经典艺术作品的解读构建学生审美意识，它以一定的美术作品为审美对象，以参与欣赏活动的人为审美主体，形成一种特殊的审美观。目的是通过对作品的欣赏，让孩子实现对美术美的感受和鉴赏，让他们运用于自己的视觉感知、已有的生活经验和文化知识，对美术作品进行感受体验、联想、分析和判断，获得审美享受并理解美术作品与美术现象的活动。一个人的眼界其实决定了一个人的素质。而素质不是短时间就能提高的，我们必须在孩子还很小的时候就播下一颗种子静待花开。开设美术欣赏课的目的主要是提升学生审美的艺术能力，积淀一种对艺术的感悟与启迪。通过对经典艺术作品的欣赏解读，从美术的语言介入来解读作品，让孩子通过自己的眼睛去感受艺术之美，从而睁开艺术的眼睛。

这次的课程主要欣赏现代主义绘画后印象派代表人物凡·高的作品。作为现代主义绘画大师，凡·高是永远不能绕过去的一座丰碑。这位19世纪卓越的绘画艺术大师，生前命途多舛，穷困潦倒，爱情坎坷，自残身体并饱受着精神疾病的折磨，最后以自杀来结束自己短暂的一生，却给后人留下了一大批经典的艺术作品。

此次内容选取的一组凡·高自画像，通过对凡·高不同时期自画像的比较分析，让学生寻找一条认识凡·高清晰的艺术脉络。作为欣赏课，面对一件作品，最重要的不在于去弄明白它描绘的是什么，而是体验作品带给我们的内心感受是什么。

其次美术欣赏课程从作品的主题、题材、形式、风格、流派、生活、历史文化、背景等方面进行欣赏解读。教师对每一个点都进行相关的研究，将欣赏的内容细化，将课程上得厚重。教师要深度理解美术作品内涵，强调美术作品的文化情景，从而让学生懂得：欣赏就是对自我的反思表达，是一次思维的互动过程，从基本的视觉感受上升到对作品美术语言和让人心灵感悟的更高欣赏境界。

课前准备：推荐学生观看《凡·高传》这部传记电影，并收集凡·高的相关资料和代表作。

环境布置：将课堂布置成美术馆展览形式，展示欣赏的作品，创设一种氛围。

▶ [课程实施]

1. 开启仪式——走进小小美术馆

你是谁？我是谁？我们每个人是不是都能够认识自己呢？我们是否知道自己眼中的我是什么样呢？今天我们近距离和一个伟大艺术家面对面的交流，透过他的作品我们是否能够读懂他内心世界的故事。下面随着老师一起进入我们今天的凡·高专题美术馆。

(1) 凡·高眼中的凡·高——自画像。

请大家先静静地欣赏展览馆的每一件作品，欣赏完之后我们回到凡·高的自画像作品，慢慢感受这幅作品，思考一下：你喜欢这张作品吗？为什么？

老师开场白："或许没有哪一位艺术家像凡·高这样，一生中不断地画着自画像。凡·高一生留下了四十多幅自画像，基本上集中在生命的最后五年。他之所以不厌其烦地画着自画像，既有经济拮据的因素——他无法请到模特，也包含着他对艺术独特的想法。

每个人眼中都有一个自己，就如你面对镜中的你，看到的时候也只是你自己认同的形象。我是谁呢？这是关于对自我生命的思考。那么凡·高眼中的自己又呈现出何种不同的情感状态呢？"

老师问："这是凡·高早期的一幅自画像。在这幅作品中你能看出画家的一种什么样的精神状态？"

学生答："像绅士一样高贵、白净，有一种阳光的感觉。"

老师问："这种感觉非常准确，白净的面颊、修剪整齐的胡须，配上深色的礼帽衣物，展现出一种非常有修养的高贵气质。你能感受出这幅作品的绘画风格吗？"

学生答："颜色很干净，人物周围画的很暗，感觉脸上有非常亮的颜色。"

老师又问："我们欣赏另一张作品，看看这两幅作品风格上是否相同？"

学生答："感觉颜色很深，很醒目。"

老师说："很准确，这两张作品在风格上很接近，都有一种很强烈的光感。但是却不是同一个画家的作品，后面这一幅是伦勃朗的自画像。伦勃朗是17世纪最伟大的画家之一，他的作品对光的使用令人印象深刻，他独到地运用明暗，灵活地处理复杂画面中的明暗光线，用光线强化画中的主要部分，也让暗部去弱化和消融次要因素。他这种魔术般的明暗处理构成了他的画风中强烈的戏剧性色彩，成了伦勃朗绘画的重要特色。伦勃朗是凡·高学习的榜样，凡·高最早的几幅自画像中都显示出对伦勃朗风格的学习。那些画画面的色调对比强烈，笔触比较均匀和光滑，充分显示出凡·高早期所受到的艺术影响。

这幅自画像是凡·高最初到巴黎所画的。画面中露出一种绅士气和文人气，表现出凡·高在初到巴黎时对自身社会地位的追求和渴望，他是希望得到人们的承认，希望拥有一定社会地位的，最初的作品体现出当时的思想状态。正如凡·高自己所说：‘无论在这儿的生活将如何艰难，即使会比从前更糟，但至少法国的空气清新了我的头脑，它对我是有好处的。’

那么从这幅作品的艺术风格里，你们能感受到凡·高当时是什么样的心理状态?”

学生答：“凡·高当时一定有很大的理想抱负，而且画中的他很年轻。”

老师问：“是的，可以说，他当时意气风发踌躇满志地去闯荡巴黎。但是，凡·高真的能获得他想要的吗?”

这里可以补充一点背景故事。

老师课前要让学生收集整理凡·高的相关资料，请学生从凡·高家庭背景、艺术追求、情感变化三个方面进行背景解读。

文森特·凡·高于1853年3月30日出生于荷兰南部准得尔特村，与他的祖父同名。他的祖父于1811年在莱顿大学得到神学学位，共生有六个儿子，其中三名是艺术品商人——艺术与宗教是两项深深吸引着凡·高家族的职业。15岁那年由于家庭经济拮据，凡·高离开学校来到叔父的古比尔画店当职员，他的三个叔叔拥有欧洲最大的经营绘画的公司，后来他又转往伦敦分店。这两年对他的人生来说是一大转机。在这期间，凡·高读过很多书，接触了最好的艺术品，参观各地的博物馆，有了辨别艺术品位高低的眼光。不久，凡·高向房东的女儿求婚遭到拒绝，他绝望之余仿佛变了一个人，变得沉默寡言，从此时起，凡·高的感情生活便蒙上了莫名的阴影，与女性交往从未顺利，总是以受伤收场，这也为他的人生悲剧埋下了伏笔。由于情感的失落，凡·高最后被解雇。遭解雇后，他前往英国的拉姆斯卡托，在寄宿学校服务。1886年，凡·高进入美术学院学习，但与老师观点对立，一个月后退学辗转到巴黎，住在弟弟西奥的公寓，结识了罗特列克、贝纳、毕沙罗、高更等画家，并与高更成为好朋友。

老师问：“通过详细了解了凡·高的前期生活、情感和艺术经历，我

们是否能得出结论，在早期凡・高是真的一帆风顺，或者如他所描述的那样，法国的一切都是那么美好吗?”

学生答：“他的情感是失败的，并且给今后的生活蒙上了阴影。”

老师问：“所以，情感生活的失败和艺术的独特思维，造成了凡・高艺术特征的转变，我们再来看看凡・高这幅自画像，这幅作品的凡・高表现出一种什么样的神情状态?”

学生说：“这幅作品给人一种冷静、严肃的感觉。”

学生说：“和第一幅自画像比较，这幅感觉有些孤单、苍老，好像整个人凌乱不修边幅。”

学生说：“这幅作品的眼神让人感觉很犀利，像老鹰的眼睛。”

老师问：“同学们的感觉都不错，对作品都有自己的理解，从画中读出了这个阶段的凡・高的状态。这幅作品与刚才那幅相比，的确在神态上有很大的不同。画面中当初有着绅士般气质的凡・高一下就变得孤单、苍老了，为什么会有这种极大的反差呢？带着这个问题我们再来解读一下这幅作品的艺术风格特点。

比较一下，这一幅与早期的风格有什么不同?”

学生答：“感觉画面都是一根根弯曲的线。”

学生答：“那一根根的线像漩涡一样。”

学生答：“线条感觉很乱，没有第一幅整齐。”

老师说：“你们欣赏分析得很到位，说明你们都很用心。这幅作品是凡・高到巴黎之后画的，受到印象派的影响，他的画风急剧改变。这反映出他对印象派风格色彩与光的感受。而修拉点彩派使用点的方法也影响着当时的画坛，跳跃的色点造成了一种梦幻般的色相变化，形成了独特的光感效果。由于对艺术的追求，而且对生活充满着激情，凡・高逐渐开始寻找一种符合自己情感的绘画语言，来体现自己火一般的感情。凡・高有着高度敏感的知觉力，有超自然、超感觉的体验，他凭着对事物的感受去作画，创造艺术的真实。凡・高的绘画笔法主要有明显的长短条形笔触，整个画面流动着奔放火焰般的笔触，笔触之间不相融合，且色彩鲜明，明显受益于印象主义点彩派，但凡・高对厚涂法的运用更有气势、力度十足，而更有厚实感。这种高度夸张变形和强烈视觉的对比中，体现出了画家躁动不安的情感和迷幻的意象世界，这种回旋式的运动圆形有如远古时代的土器形体或者装饰在土器表面的螺旋花纹。在德拉克洛瓦或巴洛克的艺术中，也可以看到这种回旋的曲线和旋转的运动，但其真正的源头，恐怕还是人类的潜意识。凡·高能产生这种原始意识，一是来自于农民以劳动征服大地所带给他的共鸣，其次是源自他对德拉克洛瓦的佩服，三者是得益于对于日本浮世绘画家北斋和广重的构图主题的把握。这种旋转、急促、流动、短小的笔触最终成为凡·高作品最具特征的笔触风格。这也反映出每个伟大的艺术家都具有自己独特的绘画语言，来表达自己的情感。这就是艺术风格。所以凡·高一直在寻找自己的艺术风格。

老师问：在讨论了凡·高的用笔的艺术特征之后，你们再仔细感受一下，这幅作品的色彩有什么特点?”

学生答：“给人一种很冷的感受，有一种距离感。”

学生答：“他的作品色彩感觉很厚实，好像能动起来。”

老师问：“如果你用手去触摸凡·高的作品，你会有什么感觉?”

学生答：“感觉摸到一个真的东西。”

老师说：“对，他的作品有一种独特的触觉，这是他作品色彩的特点。不过你是不可能近距离触摸凡·高的真迹，因为每张作品现在都成为无价之宝，所以我们只能用眼睛去感受，用心去欣赏，从而体会出凡·高的艺术情感。”

学生说：“老师，看来我们和大师之间存在不可改变的距离呀！不过，距离产生美感。”

老师说：“说得很好，其实我们在欣赏艺术作品的时候，更多的是通过作品本身的视觉原素去解读艺术家。凡·高虽然运用了与印象派相同的鲜艳颜色，但却与印象派不同，他色彩更加具有鲜明的主观性。他的作品色彩不是照搬自然，而是观察和感悟自然之后的主观创造，他特别钟爱用金黄色、深蓝色、橙色、绿色和紫色，并且在不同时期都有明显的色彩倾向。明亮强烈的色彩节奏，独特的笔触构成了凡·高作品色彩跳跃的火焰般的效果。所以这种主观运用色彩的方法符合他的内心情感，也更能表达生命激情，表现丰富的精神世界。

我们来看这幅作品，你们看一下此时画面中的凡·高似乎有一种奇怪的表现。”

学生问：“他怎么戴着厚厚的帽子?”

学生问：“老师他的脸上好像缠着纱布，是受伤了吗？”

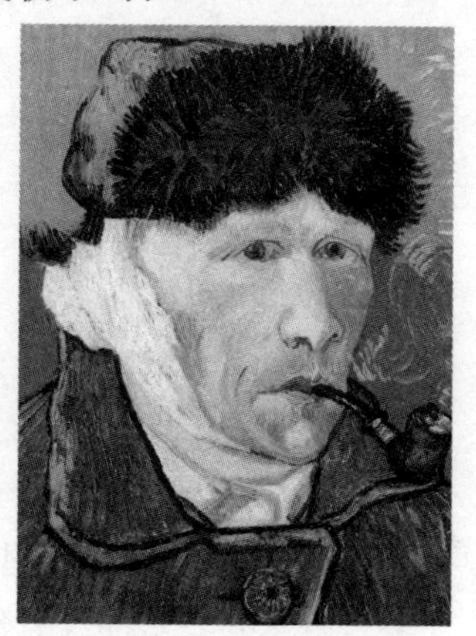

老师答：“是的，你们看得很仔细，其实这幅作品应该是凡·高最有名的自画像：包着绷带抽烟斗的自画像。之所以有名，是因为这幅作品中的凡·高割掉了自己的耳朵。这里面我们不得不谈起背后的故事。

与他的艺术一样富于传奇色彩的，是他的性格热情、执着而敏感，对艺术充满着激情，但他超人的艺术天才却不为当时的人所理解和接受。感情上的不断失败、对艺术孤独的追求使他的精神在一段时间内成为一种病态，而不得不住进精神病院，成为常人眼中的疯子。虽然创作了很多作品，但是当时很多人都认为那是不会画画的乱涂而已，因此生活的拮据造成了他一直依靠弟弟提奥的赞助而维持下去。1888 年 10 月，凡·高在与印象派另一个大师高更交谈的时候，性格上的差异造成了两人激烈的争论，最后凡·高在无法挽留高更的情况下昏了头，拿起剃刀在大街上追杀高更，当高更逃脱回到巴黎之后，留下来的凡·高无法控制自己的情绪，激怒之下割掉了自己的左耳朵一角，这种疯狂的举动使凡·高又一次住进了精神病院。出院后，凡·高画过数张缠着纱布戴着帽子的自画像。”

老师问：“我们了解了这幅作品背后的故事，你们觉得凡·高是个疯子吗？”

学生答：“他敢割下自己的耳朵，神经确实有问题。”

学生答：“老师，我看这幅作品感觉他又像正常的人。”

老师问：“这幅作品的形象给我们什么样的视觉感受？”

学生答：“感觉生了一场大病，有种病态。”

学生答：“他的打扮很奇怪，厚厚的毛帽子，嘴上叼着烟斗，头上缠着纱布。”

老师问：“在这幅作品中，凡·高戴着邋遢的毛绒帽子，向观众投来犀利的目光。他头顶上那团蓝色的毛绒将他的额头几乎全部挡住了，看不到眉毛，消瘦憔悴的脸上，一双大眼睛眼角耷拉着，眼珠的蓝绿色让人感到异常清冷，他脸色干黄而苍白，明显身体不好，却又叼着冒烟的烟斗。耳朵被一团绷带随意包缠，灰黑色的大衣让他显得更加落魄，只是在背景后面的红黄两色，让人感到一丝温暖和明快。在这幅作品中，凡·高努力通过色彩和抽烟斗的神情来隐藏自己被伤痛折磨的痛苦。你能感受这幅作品的眼神吗?”

学生答:“好像这几张自画像的眼神都感觉很冷淡。”

老师问:“凡·高自画像的眼神始终给人一种茫然、冷淡却又犀利的感觉。但在这种眼神中,我们可以感受到这位艺术大师内心深处的孤独,他的眼神似乎在向世俗求助,又好像倾诉着什么,却从来保持着一定的距离。凡·高和他的目光一样从来都是那么坚定、另类,从来都没有融入到世俗的生活。直到最后在精神病的折磨下自杀。凡·高自画像给我们一个机会去审视这位画家,让我们试图去理解他孤独的心灵。凡·高曾说:“我喜欢画人的眼睛胜过那些教堂,在眼睛的深处藏着一种无论多么感人、多么肃穆的教堂都没有的东西。”所以现在我们再看凡·高,他到底是不是一个疯子?”

学生答:“他是一个对艺术及其狂热的人,这也是伟大艺术家和常人不一样的地方。”

学生答:“凡·高的画让我感受到一种火一样的热情和神秘。”

老师总结:“是的,其实伟大的艺术家虽然不尽相同,但有一点都是相通的:那就是对艺术无比执著,甚至表现出一种神经质的状态。很多时候我们当时是无法理解他们的行为举止,但正是他们在不断改变我们的认知世界,创造着艺术的世界高度。凡·高的自画像则是画家对自己的审视和观察,在自画像中的倾诉,与其说是给别人看的,不如说更多是画给画家自己的。看着镜中的自己画下自己的表情和模样,他就像用画笔认识了自己。”

“我希望你能看出我的面孔比过去平静得多了,尽管在我自己看来我的神色比以前呆滞了些。”这句话是凡·高对自己的一种评价,我想这也是凡·高对自我的认识。

虽然凡·高的生命从这个世界上消逝已经有一百多年了,但凝视他一幅幅的自画像,我依旧能够读到一些他冷清犀利的眼神中的感情,我想,他画下如此之多的自画像,目的不是活在人们的追忆之中,而是用另一种方式去表现自己的内心实际或孤独或寂寞的感受。从二十七岁开始,在他短短的创作历程中,凡·高倾注了生命的全部激情,留给后世众多的艺术作品遗产。在他生前,只卖出一幅作品给他弟弟,死后他的《加歇医生肖像》却以8250万美元售出。凡·高绝非狂妄的天才,他的热情中隐藏着对艺术的强烈追求,他自身的涵养和渊博的学识显示了一代艺术巨匠的艺术修养。

课后,老师要给学生布置作业:“今天,我们通过凡·高自画像,认识了一位独特的艺术大师。那么，关于这位生前与生后艺术地位如此反差的画家，老师很想知道你们的看法和认识。现在我们每个人有一张美术欣赏学习单，上面有‘作品的内容描述’‘画面美术语言的表现’‘你独特的感受与联想’几个栏目，还有一栏是‘我想说’，这里大家可以不受前面的限制，自由发挥。”

▶ ［课程反思］

1. 作为美术欣赏课程，其实最大的问题是想清楚要教学设计的主线是什么。因为欣赏课不同于美术技法类的课程，后者可以通过具体的实践操作达到教学目标。欣赏课更多的是一种观者对作者视觉的感受产生的情感反应，作为艺术品它没有一个标准的答案去衡量，只有观众自己不同的理解感受，正如一千个读者就有一千个哈姆雷特。这就是艺术作品的特点。在这个欣赏课程的设计中，我选取凡·高的自画像作为一个单元进行解读，探究凡·高在这段时间内艺术风格的变化，其实就是想通过不同时期的自画像，从凡·高艺术风格特点的形成去介入，这样从凡·高众多的作品中抽取一个点来欣赏分析，也就形成了以点带面的欣赏方式。

2. 在欣赏的过程中，引导学生针对不同时期的作品进行集中展开讨论，启发学生知觉主题内容，感受美术学科的表现方法，在层层深入的基

础上逐渐理解了作者自画像中的自我表现特点和技法等美术语言，并且通过对艺术特点的了解去理解作者的内在情感世界，引发对艺术家人格的思考，从而获得自我独特的审美感受，或许这才是美术欣赏的核心所在。

3. 在这一次的欣赏课中，或许是因为小学阶段学生年龄偏小，我对问题的启发还是有一些平淡，总想着一步步慢慢走。其实这样的问题有时反而会约束孩子跳跃的思维和感受，所以问题的设计应该更具有起伏性。其次，作为欣赏课应该注意环境的创设，尽量建立一种身临其境的现场感受，这样可以增强作品欣赏的融洽感。

七、 本土文化课程

教育只有一个主题，那就是五彩缤纷的生活。他需要让孩子，通过树木看见森林。作为一名老师，不应该只局限于简单分裂的科目中间，而应致力打造教育的共同体，展开身边生活与知识的联系，把知识盘活，把单一的知识点联系起来，这就是我们平时所说的课程。课程是广博的、舒展的、随儿童的性格特点而变化的。

7—12 岁的儿童正处于知识的浪漫感知阶段，他们习惯于直接认识事物，并且偶尔能对事实作出系统的分析。这是儿童时期的黄金年代。新教育所倡导的共读共写共同生活，就是倡导在现代生活背景下，将班级、学校、家庭、社区、国家重新凝聚起来，开启一种可能性，为孩子们的教育和学习提供更好的环境。

本土文化就是把孩子们都能接触到的、有利于他们成长的环境，作为他们最好的重要课程资源加以利用，让它成为孩子学习的一部分。本土文化课程是以省内自然和人文景点为课堂，以当地优秀的特色文化底蕴作为课程的背景，结合汉字、诗歌、历史故事、地理人文、动植物知识，走进大自然，走进博物馆，走进工厂，走进历史文化，并开展与之相关的一系列实践活动，使孩子们亲近自然，感受历史，释放天性，获得成长。

本土课程 ，就从儿童的自身特点出发，从本土文化出发，选择符合儿童认知规律的可操作性很强的一个课程。不追求大而全，也不说教，而是以调动儿童的兴趣为基点，调动身边一切可以利用的资源，让知识性与趣味性相结合，通过孩子与知识的互动交流，学习收获与快乐体验相结合的全新形式。

这个课程内容选取上要求比较高，既要符合本地特色，又要学校有条件实施，还必须是儿童成长过程中需要学习、了解的内容。选取这样的自然资源与历史人文资源进行活动，可以帮孩子建立起对身边世界的认识，也让本土文化融入学生生活，融入教育教学，成为学生发展取之不尽、用之不竭的源泉。

（一）小小博物学家课程：

沿博物之路拥抱大千世界——青青园中葵的“小小博物学家”之旅

胡盈

▶ [课程主题诗]

从博物馆里
追寻历史的踪迹
从大自然里
探索生命的奥秘
从大千世界里
品味万物的魅力
并且把爱和信仰，都浇进
青青园中葵的花园里

——胡盈

▶ [课程准备]

我所在的学校，在西安市中心，在校园里抬头就能看见钟鼓楼。作为十三朝古都，博物馆之城，西安的历史人文资源有着其他地区不可比拟的优势。怎样把教育生活和这些历史文化资源联系起来，一直是我不断思索的问题。

第一步，收集、了解西安的人文历史资料。我收集了西安各个风景名胜的导游手册、西安市博物馆的分布图；翻阅了西安市各区县志，了解了西安名人、名胜、物产等方面的信息；参观没有去过的景点，做到自己心中有数。

接下来，在和家委会的商议下，我列出计划：根据四季变化，以省内自然和人文景点为课堂，结合汉字、诗歌、历史故事、地理人文、动植物知识开展走进大自然，走进博物馆一系列开展游学活动，使孩子们亲近自然，感受历史，释放天性，获得成长。我们将利用小学六年的时间，让孩子从自己的世界走出来，沿着“认识身边的世界——我的动物朋友——我的植物朋友——我的家乡——我的祖国——我的遨游世界之旅”这么一条路，认识自己，认识世界。

第二步是，以语文教材为本，设计每一学年的活动计划。每年开学前，翻阅教材，以单元目标作为课程的目标，根据周围现有的资源，确定初步活动。就这样，我们立足教材，超越教材；立足课堂，走出课堂。

以人教版小学语文第三册为例。第一单元主题是美丽的秋天，我们可以带孩子去公园里寻找秋天。第八单元爱科学中，有一课是讲水的变化，我们计划请班里在气象局工作的家长来给大家上一节气象课。还有一课是《农业变化真大》。刚好又是冬天，我们就计划带孩子去附近的农业博览园看看。

第三步，当然，小小博物学家之旅，不仅仅是和课文内容结合的一场场活动。这些活动，还可以根据情况，进一步和孩子们的晨诵、共读内容结合来进行。在进行小小博物学家——“我的动物朋友”部分时，带孩子们去动物园之前，我们还结合这部分内容，给孩子们进行相关动物儿歌的晨诵。在进行“我的植物朋友”这一部分时，带孩子们去植物园，并背诵相关熟悉的儿歌。

第四步，根据现实情况，按时间按计划安排活动。家委会成员进行具体分工，每三人一组，每组负责一次活动。具体负责的任务有：电话联系相关参观单位，确定参观时间、参观内容、注意事项、门票、车辆、收费、报名、安全等问题。

第五步，孩子参观完后，还可以把他们看到的画下来，把他们感受到的写下来，通过写绘的方式，来盘点他们活动的收获，完成对自己的认知的梳理。

对于低年级孩子来讲，博物馆吸引力不是很大，如果恰逢博物馆有什么特别的活动，可以根据情况临时增加活动。比如5月18日是“国际博物馆日”，博物馆会特别组织一些活动。为了增加趣味性，他们组织的活动可以互动，可以亲自动手。今年的博物馆日，半坡博物馆做了个“史前工场”活动，孩子们可以亲自体验原始人的生活。十月份，陕西省历史博物馆举行了一次“寻找藏在博物馆里的发明”活动。家委会注意收集信息，联系，组织活动。每次活动，我们力求注重孩子的年龄特点、认知程度，力求从多角度，为孩子们创建综合实践探索的舞台，引导孩子在浩如烟海的博物馆展品中进行有效的学习，通过互动激发孩子们发现的欲望。

▶ [课程实施]

“小小博物学家”之旅课程，内容涵盖面大，课程内容多，既要组织孩子外出参观，还要有课堂内的渗透和活动后的回顾。这一年，围绕小小博物学家之旅，每个月组织一次活动，偶然有特殊情况的，会增加一场。每次活动，由家委会根据计划来具体安排。下面是去年一年中，我们进行过的课程活动。

①世园会找秋天——树叶画。

②大自然的神奇——参观自然博物馆。

③养植课程——种下一棵希望树。

④寻找我的植物朋友——植物园之旅。

⑤寻找我的动物朋友——动物园之旅。

⑥追寻历史的足迹——半坡博物馆之旅。

⑦发现藏在博物馆里的古代发明——陕西省历史博物馆。

⑧学做小小考古学家——汉阳陵博物馆之旅。

⑨冬日的盛宴——农博园游。

⑩博学的家长大讲坛（8 场）。

⑪参观可乐博物馆。

下面以半坡博物馆之旅为例，做以介绍。

1. 活动前准备

（1）家委会分工。

①联络，确定门票收费情况，活动具体内容及安排环节，注意事项。

②写本次活动策划书，并发到班级群里，滚动播出。

③登记报名情况。

④商定交通细节。

⑤活动当天（或前一天）收费。

⑥统筹计划。

2. 知识储备

这场活动是博物馆方的临时性活动，机会特别难得。虽然没有时间给孩子对课程进行相关的晨诵拓展，但我在去之前，结合课本内容，给孩子们进行了相关的知识培训。

一年级，是孩子们识字认字的重要阶段，课本上有象形字的初步介绍和会意字、形声字的整体识字课。而半坡文字不仅大部分是象形文字，据研究显示，它已经有后来汉字的字形并为造字方式确定了基本框架。我们参观前，我就根据网络搜集到和自己参观时的一些照片，整理成相关的PPT，给孩子们介绍了几千年前的半坡文字，并且展示了他们建造房屋，种菜，饲养家畜，种麻织布，编织渔网，制造弓箭，捕鱼打猎的生活照片，孩子们对这些特别感兴趣，他们没有想到几千年以前的人们，居然是这样生活的。

在给孩子们介绍半坡遗址时，我特别介绍了半坡仰韶文化的大概情况以及一些有趣的值得关注的地方。播放相应的图片，让孩子们注意观察半坡鱼纹盆、鸟纹盆，激发孩子们的兴趣。特别要提醒的是，要注意孩子们参观中的安全，提示参观中的注意事项。

附：我们的活动策划书

穿越6000年，体验半坡原始人

——5月18日半坡体验活动

一、活动简介：

感受原始部落生活，品味历史韵味，让小朋友全方位、立体式了解6000多年前半坡文化，体验钻木取火、植物染、石器捆绑、原始绘画、陶器钻孔、半坡姑娘（尖底瓶打水）、原始房屋搭建、原始服装秀等项目，通过活动，让孩子在玩中学习，了解史前知识、感悟文化魅力，体验半坡文化的深邃，从而愉悦身心。

二、活动时间：

5月18日（周日）13点45分，在半坡博物馆门前集合，14点准时入馆。

三、地点：

西安市半坡博物馆（西安市半引路155号）。

交通指南：

1. 公交：11 路、42 路、105 路、232 路、241 路、401 路、406 路、511 路、715 路、913 路，半坡公交枢纽站下车，步行即到；

2. 地铁：地铁一号线半坡站（A 出口）；

3. 自驾：咸宁路、长乐路、东三环均可，半坡十字路口往南 100 米。

四、活动主要内容：(4 小时)

1. 参观半坡博物馆，了解母系氏族社会（1 小时）；

2. 体验原始社会生活（2 小时）；

体验内容：钻木取火、植物染、石器捆绑、原始绘画、陶器钻孔、半坡姑娘（尖底瓶打水）、原始房屋搭建、原始服装秀；

3. 参观结束后集体带队到河堤野炊（1 小时），因为孩子们还太小做不了饭，但是为了让孩子们能体验一下野炊生活，请每个参加的家庭活动当日准备一道凉菜或点心，一定要在家和孩子一起准备好，活动当日给孩子带上和大家分享。

五、活动报名及费用：

一个家庭 138 元（一个家庭：1 个孩子可以跟随 1～2 个大人）。

费用说明：费用包含家庭成员每人 65 元的门票和每位 160 元的“史前工场”体验项目。旅游年票等证件不再重复享受优惠。

报名联络人：牛润璋妈妈，白皓天妈妈（群留言，私聊均可），请各位葵花家长报名时说清是 1+1、1+2，或者 2+2、2+3、2+4 等。

六、温馨提示：

请给孩子带上水杯，给孩子准备食物还有零食等等。请统一给孩子穿“青青园中葵”班服，不要在博物馆内用餐，不要乱扔垃圾，请各位家长监督自己的孩子并给孩子做好榜样；如因天气原因活动取消，会在群里和大家沟通，请留意周六的群消息。其他未尽事宜欢迎随时联系家委会妈妈。

2. 活动当天

活动当天是最忙碌最重要的一天，虽然大家都已经提前做好了准备。每个人还进行了具体分工。我总负责点名，以及参观中的各项活动流程安排。有相应的家长，负责安全、照相、买票，维持纪律等。

在门口集合后，我清点人数，给大家分组，（那天我们家长和孩子共报了 106 个人）。家委会负责收费的两位妈妈负责买好门票，并请来导游，跟导游交流好需要重点给孩子们强调的内容。

我们分组分批进入参观。在浏览馆藏的各类文物标本和新石器时代的人类和动物骨骼标本时，我们重点看了人面鱼纹盆，尖底瓶，还知道了中国人百年期盼的北京奥运会吉祥物福娃的创意灵感就来源于人面鱼纹盆。在参观半坡先民的生活状况、生存环境，以及建筑、丧葬风俗时，重点看了当时的房屋构造。这一部分由导游介绍。导游未尽之处，我在一旁进行补充。

接下来，孩子们要穿越 6000 年，亲自体验钻木取火、植物染、石器捆绑、原始绘画、陶器钻孔、半坡姑娘尖底瓶打水、原始房屋搭建、原始服装秀。

一开始就是大家最好奇的钻木取火。工作人员拿来工具示范，爸爸们也没有看明白，试验了半天，费了九牛二虎之力，才把火点燃。通过观察，才发现：原来，古人钻木，是把柴火放在一个石头的凹槽里，然后用一个弓一样的锯（这个弓的弦是绳子）平放在柴火上。再用另一根像箭的细棍子，先在弓弦的绳子上缠两圈，垂直于弓，竖着对放在凹槽的柴火上，一手扶着箭，一手来回拉弓，绳子把箭搓得来回旋转，一会儿柴火就冒起了烟。大家赶快把柴火取下来，轻轻吹几口，火苗就呼啦一下攒起来，这时候拿起一沾过松油的木头，一下子就把木头点燃了。大家齐声欢呼起来。

孩子们在爸爸们试验的时候，非常安静，很细心地看着。等火把燃起时，已经迫不及待地跑到自己的组边，几个人一组，开始钻木去了。拉绳子实在是太费力了，孩子们力气太小。他们互相合作，一个人拉一会，坚决不要爸爸妈妈帮忙。不一会儿，就有两个组成功了，发出胜利的欢呼。大家纷纷举着火把留念。

这个貌似简单的活动，着实让大家震感不已。我此时更是忙得不亦乐乎，帮助家长分组，维持协调。这边刚刚安排好，那边的火就已经点燃了。

最有趣的要算是植物染了。大家分头领来采撷好的鲜花和叶子，还有要印染的白布，按照自己喜欢的样子，先把花和叶子，摆放成自己喜欢的图案，然后用小锤轻轻敲击，直到花和叶子的汁液渗到布里去了，就把上面的残渣去掉，一副天然的染布就做好了。

事实上，这个看似简单的环节，需要引导的地方很多，这也是观察孩子家庭相处模式最佳的时期。聪明的孩子一学就会，而有些孩子弄半天就没有兴趣了。还有的孩子不小心会砸到手，所以这个时候，更要特别注意引导。有的没耐心的孩子，砸两下，就跑到草地上玩去了，家长把孩子叫不回来，又不好意思发火。还有的家长是自己越俎代庖，扶着孩子的手砸，直接自己给孩子摆好，希望砸出来的画漂亮些。在分组的轮流查看中，教师要发现问题，及时解决，这也是和家长孩子近距离接触的一次教育活动。这个过程中，要特别关注那些比较柔弱的内向的孩子，多给他们表现的机会。

最考验孩子们耐心的是陶器钻孔、石器捆绑、和原始绘画。古代人制作陶器很不容易，陶器碎了，也要给陶器上打上孔，用绳子绑起来继续用。同一组的孩子，有的在钻孔，有的在石头上画画，好多孩子都不约而同画上了鱼纹图。钻孔跟钻木取火的原理相同，这回钻的，不是柴火，而是陶器碎片啊。孩子们钻得好认真啊。指头厚的陶片，被他们钻出了拇指粗的洞，想怎么绑就怎么绑。孩子的性格，也在此中显示得淋漓尽致：去了近 50 个孩子，最后只有四五个坚持到最后打出了小孔。有个平时很内向的孩子，一声不吭地坚持了近半个小时打出了孔，这样的成功体验机会，是平时没有的，也是这样的特殊活动体验带给他的。

尖底瓶打水，看似没有意思，但是只要孩子们每个人亲自打一遍水，就都真切地感受到了古人的聪明。他们轻轻把水瓶放在水面上，看着水瓶重的一头自动沉入水中，水咕咕灌满的时候，瓶子自动在水里站起来，就会忍不住发出惊叹。这样的体会非亲自做一遍不能体会。

最有趣的是原始服装秀了。孩子们一起到半坡氏族仿造建筑里，悄悄换上原始人的衣服，戴上帽子，女孩头上腕上戴上贝壳的装饰，男生拿着斧头、弓箭、长矛。当他们排着队，踩着鼓点，从房子里鱼贯而出走原始服装秀的时候，全场除了爸爸妈妈的惊叹，只剩下咔咔的拍照声。

最辛苦的要算是孩子们自己组队搭建房屋了。他们按照提示，分头拿好木头、房屋的底座，按照上面的数字，自己拼接，搭建，最后齐心协力给房顶铺上茅草，一间半坡人的房屋就搭建好了。虽然他们脸上冒着汗水，但没有什么比他们的笑脸更美。

为什么对这个活动印象这么深刻，因为这场活动，就是从儿童的自身特点出发，符合儿童认知规律的可操作性很强的一个课程。不追求大而全，也不说教，而是以调动儿童的兴趣为基点，调动身边一切可以利用的资源，让知识性与趣味性相结合，通过孩子与知识的互动交流，学习收获与快乐体验相结合的全新形式。孩子们要做的很简单，但是却有了从来没有过的体验，穿衣、打水、打火，在这样简单的体验中，完成了对半坡人生动活泼的认知。这对于我们组织其他活动的时候，也学到了很多经验，就是尽可能贴近孩子们的生活，提供给他们能够操作的东西，让他们在真实的体验中，完成自己的认识。而不是通过语言告诉他们的。就尖底瓶打水这件事，看到和亲自做，那感受是完全不同的。最重要的一点是，我们不是万能者，我们的资源有限，我们期待给孩子们我们希望的课程，事实上社会上有很多的类似的资源，各个行业里集中了很多优秀人才，他们智慧的成果，完全可以为我们所用。大家地区不同，活动也不尽形同。我罗列的这些项目，只是想要告诉大家，只要我们有心，这些资源，就都是属于我们的孩子。我们在了解这些活动后，可以有意识地引导孩子感知。活动细节是什么，不重要，重要的是，他是我们孩子们需要的喜欢的课程。

活动完，我们在活动场地分享了食物。

3. 活动后

回来后，我们的课程并没有结束。我们需要把我们在活动中学到的，看到的，想到的，画成写绘。说说自己半坡博物馆之行与自己的收获。凡是亲自参与的项目，大家都念念不忘。这就是实际动手不一样的感受。印染，搭建房屋，尖底瓶，半坡氏族居住的房屋，孩子们不仅画的形象生动，在写感受的时候，有的孩子居然写好几百字还意犹未尽。第二天，我们在课堂上，大家先互相说说自己的写绘中画的什么，然后评选出优秀的写绘，请同学们上台讲述。这个写绘的过程和公开展示的过程，孩子们既练了绘画，又训练了书写和口头表达能力，更重要的是，对自己的收获进行了梳理总结。这也是每次活动后最好的展示。

当然，我还会对活动中存在的一些小问题进行反思。比如去半坡的时候，同学们太兴奋，在参观时纪律不太好。我专门给孩子们上了一节《参观中的礼仪课》，后来去历史博物馆时的纪律就好多了。这也是孩子们在小小博物学家课程中的意外收获。

这样的互动式参与活动，符合儿童的年龄特点与心理特点，富有很强的吸引力。比起枯燥的博物馆参观，专注讲解更直观，更真实。在这样的体验课程中，孩子们了解了相关知识，印象深刻，并激发了孩子们强烈的求知欲，他们迫不及待地想了解更多背后的故事。

除此之外，我们一起策划找秋天活动。我们一起做游戏，一起游园，竞赛，搜集植物的落叶和种子，做成我们喜欢的树叶画。

我们参观自然博物馆，在那里，我们对古生物、动物、植物和人类演变有了直观的感受，其中孩子们最惊奇最喜欢的是恐龙化石和岩石。

春天，我们一起种下我们的班级树。我们写下自己的心愿，密封起来，把它埋在我们的树下，等我们百年校庆的时候，几十年后聚会的时候，打开看看自己最初的梦想。种下属于自己的小葵花。每日守护它长大。我们一起养蚕宝宝，记录它的一生。发现生命的奇迹，学会珍爱生命，珍惜时间。

我们在植物园寻找我们的植物朋友和动物朋友们。

我们一起在陕西省历史博物馆里寻找藏在博物馆里的古代发明，亲自体验活字印刷术和造纸术。

我们一起参观可乐公司。

一起去汉阳陵考古，学汉礼。

我们一起享受冬日的盛宴——农博园游。一起参观了农博园里的四个展馆，在现代农业科技馆；缤纷花卉馆，南方植物馆，都市农业体验馆尽情享受时尚健康的未来绿色生活。

除了博物馆资源，社会公共资源外，还可以充分开发利用家长资源。课本上开始讲认识钱，在银行工作的齐妈来给我们讲钱币知识。在我的家乡单元，我们的资深导游雷爸给我们带来了一场生动的我爱我家旅游课，孩子们第一次了解家乡的许多秘密。学到风娃娃，气象局工作的罗爸，给我们带来的精彩的气象常识讲座，还教孩子们做风车。我们的小小博物学家，懂得越来越多了。

▶ [精彩瞬间]

参观汉阳陵博物馆

罗晞文　7岁

今天是个令人期待的日子，因为我和我的同学要一起去陕西汉阳陵博物馆参观并体验活动，到了博物馆门口，我们见到了漂亮的导游阿姨。

导游阿姨把我们带进了博物馆，她给我们介绍了好多东西，其中有汉代的灶台、水井、还有各种各样的陶俑；接下来我们又来到了汉景帝的陵墓，共有十个坑道，我们走在玻璃通道的上面，看到下面有许多陪葬品，有大臣、宫女、还有吃不完的食物。

到了最令人期待的、最激动人心的时刻，就是考古，在专业老师的讲解下，我们拿着小铲子、小刷子飞快地跑向一号坑道，我和雷亦萱拿着小铲子迅速的挖起来，不一会儿挖出了两匹马俑，我们兴奋地欢呼起来。

我们还穿了汉服、行了汉礼，懂得了汉代的行礼方式有小礼、中礼、大礼。汉服穿在身上还真是漂亮呢！我们还玩了汉代小游戏，古人玩的游戏也挺有意思的。

今天真是快乐的一天，我们蹦着跳着高高兴兴地回家了。

这是我们班小罗同学参观完汉阳陵博物馆回来自己写的日记。孩子们考古、学汉礼，玩得不亦乐乎。回来后，通过写绘日记的形式进行了记录。

每次活动，都有很多精彩瞬间。我们每次活动，报名的人都很多。农博园之游，因为目的地不远，很多人自驾去。孩子的朋友想参加，家里的兄弟姐妹也想参加，加来加去，又增加了一辆大巴车的人。两辆大巴车近一百人，还有十几辆自驾车，那真是浩浩荡荡的一群人哪。走在队伍前面，听着孩子们边走边唱班歌，真的很自豪。我们的活动，报名人数一次比一次多，并且不再只局限在自己班里。报名是家委会负责的，我常常是休息的时候，才发现我们的队伍里，还有很多不认识的人，有不足一岁的孩子，有年近花甲的老人。孩子们参与活动的时候，家长们三三两两聊天，关系十分融洽，并没有想象中的忙乱。这一切，都是这一年里练出来的。活动结束后，邻校的孩子父母，特别找到我，想要下次继续参加我们的活动。小小博物学家之旅，从一开始的举步维艰，到现在能获得这么多认可，我很欣慰。希望我们的六年之旅，能走得更远。

▶ [课程反思]

这个课程，是个综合性很强的课程，调动了身边一切可以利用的资源，知识性与趣味性相结合，通过孩子与知识的互动交流，学习收获与快乐体验相结合的全新形式。

这个课程内容上选取符合本地特色，有条件实施的，儿童成长过程中需要学习，掌握的一些自然资源与人文博物馆进行活动，帮孩子很快建立起对整个身边世界的感性认识。

这个课程充分发挥了孩子的主观能动性，让孩子自己搜集资料，参与活动，让孩子置身于一个个令人惊奇，兴奋的环境，在边看边玩的过程中，培养起求知好学的兴趣，将种种“死知识”变成“活思维”。从而真正理解身边的世界。

这个课程的开展，大大拓展了我们教育生活的空间，家长孩子一起参与。我们的教育生活，融入了日常的游乐和休闲中。

在课程实施过程中，还需要注意以下几点：

首先，活动前要做到周详安排。一次活动的安排，总会遇到许多现实的问题。需要及时调整时间，行程，车辆等。这就需要老师与家长通力合作，提前搜集掌握相应资料。活动中出现的问题，也要及时总结，以免再次发生，造成不必要的麻烦。

其次，每次活动不是孤立的。活动与活动之间可以再次编织。我们的活动到目前为止，基本都是单个活动。以后我们会按照学期，有更明确而更细致的主题，策划相关联的活动，有助于知识的延伸和相互比对。二年级我们初步计划以了解长安水系为主，知道八水绕长安的来由，去灞河渭河边游览，参观唐代过水涵洞相关博物馆，听有关排污的讲座，进行相关净水和水质监测的一系列活动。

还有，打造班级课程共同体。可以和其他科任老师协同合作，根据不同科目的教学内容，开展相关活动，同时使活动内容再丰富一些，这样的课程才更具有生命力。

总的来说，小小博物学家之旅，是以活动为主的综合性课程。我们也是在摸着石头过河，希望接下来的几年中，我们的博物学家课程希望能把课外课内更紧密地结合起来，把活动作为我们课内活动的一个展示和延伸，更深入的与晨诵，共读整合起来，让孩子的生命在不断认识世界的过程中，向善向美，朝向最美好的自己。

（二）布艺课程：

多彩布艺，锦绣人生——走进布艺

秦玲娣

▶ [课程主题诗]

细碎、斑斓的布头
从花鸟、山水到人物
清新淡雅，可爱淋漓
布就是绘画的颜料
剪子就相当于画笔
化腐朽为神奇
让生活充满诗情画意

——秦玲娣

▶ [课程准备]

三星，文化底蕴较深，造就了王个簃等书画大家，并影响这一带的能工巧匠工艺美术的发展。近十多年来，以拥有全国最大的国际家纺城闻名遐迩，并逐渐积淀了独具地域特色的绣品文化。三星小学利用这一得天独厚的区域优势，把“秀文化”作为学校特色，以“绣品”为资源，着力开发适合孩子的校本课程，《布艺课程》就是其中的一个。

那么，该怎样在自己的教室里扎实高效地实施布艺课程，让六十个孩子徜徉在幸福的课程中？首先，我们准确定位“班级布艺课程”目标：通过布艺贴画、布艺小制作、服装的赏析、设计和实践制作，认识和掌握布艺制作的基础知识、基本技巧和创作方法，培养学生的手工布艺兴趣、布艺创作水平和创新实践能力。同时，激励学生将布艺创作、实地参观实践的所见所闻、所思所想创编成一首首颂家乡、爱家乡的童谣，反复吟诵，传承绣乡人勤劳、诚信、创新等优良品质。

布艺课程确立的目标是需要我们和孩子在不断编织中慢慢实现的，我们需要有更为实在的活动，要让每个孩子亲历课程，所以，我们进一步确定了更加具体完整的课程内容。如下表：

课程：走进布艺

布贴画	1. 通过欣赏布贴画，掌握布贴画的基本知识，熟悉制作的用具、制作的材料、注意事项，了解布贴画；又从“秋意浓——秋风”“老街”“高原的风”“布画卡片”“作画心得”5个单元的学习中探讨，展示布贴画的构思与制作。 2. 开展布贴画比赛，展示绣乡孩子的心灵手巧，踊跃参与各类布贴画展示活动，让“布艺”情怀悄悄地注入孩子们的心灵。
布艺制作、设计	1. 在布贴画的学习基础上，从“玩具”“坐垫”“环保袋”“服装”其他实用的布艺作品等几个方面构思，与父母协同完成作品制作。 2. 开展布艺小制作比赛，展示绣乡孩子的心灵手巧，踊跃参与学校“星光灿烂”时装设计模特大赛，让孩子们当一回时装设计师，过一把模特瘾。
参观与实践	1. 开展“我为环保出份力”活动，发挥绣品边角料的作用，创造性地制造出各式各样的环保袋，并走上街头、超市分发环保袋，为家乡环保事业贡献力量。 2. 开展“走进晋帛时代”活动，实地参观晋帛家纺，了解绣品的一般生产流程，初步学习绣品整理、包装方法；采访绣品能人，学习勤劳、进取、创新的绣品精神。
晨诵	1. 朗读校本童谣教材《晨韵》，让勤劳创造幸福、绣品改变人生、创新成就未来的绣乡精神浸润每个孩子的心灵。 2. 开展班级童谣创作比赛，让孩子们用童稚的语言说说身边的故事，夸夸身边的能人，赞赞美丽的家乡，激发他们对于家乡的热爱之情。

[课程实施]

1. 小试牛刀——布贴画

做布贴画，首先要认识布贴画，我利用多媒体出示几幅布贴画作品。

“大家知道这几幅画是用什么材料做的吗?”

“是呀，都是我们家乡的各种的零料布。”学生一片惊呼。

“那布贴画和绘画作品有什么不同？有什么特点?”

“布贴画是利用不同质地和颜色的布料，经过剪贴布而成的一种艺术。”

学生们有些跃跃欲试：“老师，我们也来做做布贴画吧!”

“老师，布贴画到底怎么做呢?”于是，我立即播放布贴画制作的微课视频，让学生欣赏，了解布贴画制作的材料和工具后，教师总结布贴画制作的步骤：

构思：确定表现的对象。通过认真观察图片，找出最明显的形象特征。

画草图：用较大的作业纸画。

选布料：根据表现的颜色和样式确定选择不同颜色、质地的布料。

老师话音刚落，学生就盯着桌上一堆布料喃喃自语：“这片是紫葡萄。这块可以制作绿葡萄。”同桌立马接上去：“我这块棕色的就是葡萄的枝干了。”还有一个同学举着深绿色的布料，说：“葡萄的藤蔓来啦!”……看着孩子们兴奋的样子，我赞许地点点头，看来孩子们对生活的观察还是很细心，能选择合适的布料进行合理的搭配。

“孩子们，选择好布料，我们要进行下一个环节。”

剪贴：将图片根据颜色、形状分割成几部分，选择布料剪下来，再根据图片进行粘贴。

勾画：将贴好的作品进行轮廓勾画，使得作品更加精致。

孩子们听得可认真了，一双双小手早就按捺不住了，我给孩子们进行了分组，让小组共同完成一幅或几幅布贴画作品。

作品完成了，每个小组推荐一幅优秀作品到全班展示，派代表介绍作品的特点，及在制作过程遇到的问题，介绍一下解决的办法。学生评一评交流作品的优点，存在的问题以及改进的建议。然后师生共同评出此次活动的优秀作品，有的张贴在卓越课程“变废为宝——布贴工艺”大展台上，进行公开展览；有的拍下电子作品向各报刊、杂志投稿，参与各项艺术作品的参评。在第十一届“校园时代”全国青少年书画展示活动作品评选中，我们班汪小涵的作品《最美不过夕阳红》获特等奖，胡宇康的作品《月光下的熊猫》、孙一川的作品《田园风光》、王鹤颖的作品《背影》、王灿的作品《午后》均获一等奖。

2. 创意无限——布艺制品

有了做布贴画的经验，孩子们的兴致似乎更高了，布贴画也越做越精美了。但是，我们的课程不能只是停留在布贴画的制作上面，于是，就有了布艺小制作的尝试。

老师指导学生：

①素材的选取上指导学生要善于选取自己喜欢的、易于表现的动植物，人物形象或景物，在此基础上进行适当地装饰。

②底图的勾画上指导学生多参与一些漫画、卡通、简笔画等作品，下载一些精美作品进行临摹，学习构图、配色等，并在适当临摹的基础上进行再创造，力求简洁、生动。

③色彩的搭配上指导根据内容及构图的意境和谐地搭配颜色，进行学习、创作。

④制作的技法上集体进行协商，要求有所创新。

⑤帮助学生组合成小组，指导小组成员在创作活动中按能力的不同进行合理分工。

在整个活动中，学生参与面广，师生互动性好，尤其令人赞叹的是学生那无限的创意：一条条金鱼居然富有了卡通形象，可爱至极；一朵朵花儿咧嘴笑，璀璨无限；一只只抱枕除了拥有舒适的功能，更增添了外观的精致；一款款环保袋形态各异，时尚感十足；还有各式各样的服装设计，看得人眼花缭乱，绝不亚于世界T台秀……我们不禁感叹：生活中不是缺少美，而是缺少发现美的眼睛和创造的激情！

虽然学生制作的作品还比较粗糙，比较简单，但他们通过自己的手，创造了属于自己的精彩，学到一些书本上学不到的知识。

3. 兴致盎然——暖心赠送

孩子们精心完成了很多很多的小制作，堆都堆不下。怎样才能将这些作品发挥他们的作用呢？老师组织孩子们讨论：这些小制作怎么处理？

孩子们七嘴八舌的议论开来，最后一致认为：丢了怪可惜的，要发挥小制作的作用。可是，怎么发挥作用呢？一个调皮的男孩擎着一个环保袋大声说：“我要把这个袋子送给超市买东西的阿姨，她就可以节省买塑料袋的钱了。”

真是一语惊醒梦中人呀，制作各类小玩具的孩子决定将玩具送给幼儿园的小弟弟小妹妹们；制作靠枕、暖手套的准备将温暖送给敬老院的爷爷奶奶们；还有的准备到街头来个爱心小义卖……很快，这些孩子自发聚集到了一起，分成了小组。

“孩子们，在活动的时候，我们要注意些什么呢？”

“安全、有序、有礼貌……”听听，这些不都是我们老师想说的话吗？

此时的孩子们，俨然成了大人们。

次日，孩子们早早来到了各个活动场所，起先还有些不好意思，扭扭捏捏的，不多会儿他们逐渐大方了，亮开了嗓门叫卖了，大胆地上前搭讪了，学会和小朋友、老爷爷交流了……

活动后，学生及时写了总结和感悟，在这里给大家分享一篇。

我为环保出份力

海门市三星小学　四（5）班　陈璐

伴随着人们观念的改变，一次性塑料袋渐渐地被环保袋所代替，但还是有许多家庭都不用环保袋，特别是我们这里临近叠石桥国际家纺城，来自四面八方的人很多。你看，依然有些人还乱扔垃圾，常常搞得附近街道垃圾飞扬，臭气熏天。于是，老师组织我们用零料布做了一些环保袋，我们小组决定去三星菜市场派发。

说干就干，同学们像变戏法似的找来一堆零头棉布，利用班级布艺社团课做起漂亮的环保袋，整整两节课，我们就做了四十个左右。于是，我们拿着环保袋浩浩荡荡地出发了。

我找了个路口，准备行动，可看到那么多人，我感到很不好意思，脸涨红了，话也说不出来了，怎么办？我的心里作着斗争，可我又想到保护环境是每个公民应尽的责任和义务，又壮起胆来。我鼓起勇气，举着环保袋，对一位面目慈祥的老太太说：“奶奶，送您一个环保袋，以后上菜场记得带上我家做的环保购物袋，可以吗?”老太太笑眯眯地接过袋子，夸奖说：“这丫头真是懂事，我答应了!”太棒了，首战告捷，我顿时信心满满。于是，我头头是道地向来往居民宣传环保小常识，还给旁边的摊主送上我的环保袋。我越干积极性越高，一会儿就把我手里的环保袋发完了。

分完环保袋，我去找队员，看到队员手里还有，我就帮着一起分发，好多人向我们投来赞赏的目光，“看他们这些孩子，多好，以后我们要注意使用环保袋了。”“对对，我们也是!”

听到这么多，我们的心里真是激动不已，会心地笑了。

这次志愿活动，我不仅又一次审视到了绣品边角料的作用，也让我认识到环保的重要，相信有更多的人会因我们而加入环保的队伍，绣品城的明天会更美。

生活就是课堂，生活就是课程，当我们的课程融入到孩子们的生活中，甚至成为生活的一部分，让他们用自己的双手和善于发现美的眼睛，去创造，去表现，去交往，我们期望的环保意识的培养、爱心公益的激发这些目标还愁不能实现吗?

4. 放飞灵性——实践锻炼

学校四周都是家纺企业，很多同学的家里也是从事绣品加工或绣品经营的，但同学们还是缺少对家纺企业的了解，包括运作模式、产品类别、企业文化等等。都说实践是学生产生灵性的沃土，所以我们决定充分利用得天独厚的资源，让学生走进家纺企业，亲历并了解家纺企业。

春天，我们组织学生走进学校对面的晋帛家纺。我们尊重每个学生的兴趣、爱好与特长，依据学生的兴趣和能力组成活动小组，选择活动形式、内容。活动前，我们做足文章，引导学生全程参与参观调查活动，注意积累活动中每个环节自己的感受，我们还设计了富有特色的综合实践活动手册。

走进晋帛时代　感受锦绣生活

——综合实践活动方案

一、活动背景：

我们的家乡——三星，以拥有全国家纺城而闻名遐迩，绣品企业星罗棋布，绣品能人人才辈出。他们勤劳、智慧、奋发、创新，以卓然挺立的风姿和独树一帜的品格在美丽的绣乡绽放风华。可以说，绣品改变了三星人的人生轨迹，并形成了一种富有魅力的绣品文化。学生身在绣乡，长在绣乡，为使绣品文化融入学生生活，融入教育教学，成为学生发展取之不尽、用之不竭的源泉，策划了“走进晋帛时代，感受锦绣生活”的综合实践活动。

二、活动目的：

1. 通过参观晋帛时代，了解绣品的一般生产流程，初步学习绣品整理、包装方法。

2. 通过参与实践活动，学会与人合作，培养学生团队协作精神。

3. 通过采访绣品能人，学习勤劳、进取、创新的绣品精神。

4. 通过一系列丰富的活动，让学生感受浓郁的绣品文化，激发学生热爱家乡、热爱绣品的情感。

三、活动主题：

走进晋帛时代，感受锦绣生活

四、活动步骤：

第一阶段：

1. 编制活动手册。

2. 教师与晋帛时代联系参观时间和具体事宜。

3. 学生分组，教师提出活动中的注意事项，做好安全防范工作。

第二阶段：

1. 分发活动手册，教师提出活动要求。

2. 学生在教师的带领下去参观。依次参观生产车间，介绍绣品生产流程。看工作人员示范（整理、包装四件套），听工作人员详细介绍操作要领与质量标准。

3. 听企业相关领导介绍企业有关情况及生产流程，了解绣品能人。

4. 跟随厂内工作人员分小组学习绣品的整理与包装，每组推选3名代表参与技能大赛。

第三阶段：

1. 汇报各自参加活动的收获与感想。

2. 小组合作完成活动手册。

经过精心准备，同学们排着整齐的队伍兴奋地走进“晋帛”，部门经理热情地接待了我们。同学们有组织地分组进行活动，有的小组走进经理办公室，了解企业的规模、发展，有的小组采访营销员，了解推销的诀窍，有的小组和设计师一起探讨流行花色，有的小组进车间体验包装的一道道程序。同学们闪亮的眸子里流露出的是激动、兴奋。

采访绣品能人小组的四位同学采访过后认真地对我说：“老师，通过采访，我们受益匪浅。”学生们通过了解总经理的创业史，感受了他的人格魅力，体验到创业的艰辛，学到了勤劳致富、诚实守信、锐意创新的优秀品质。来到三楼的花样设计区，几个代表兴趣十足地拿起笔认真地思考、构图、勾勒，从孩子的角度设计出了各种美丽的家纺用品图案，赢得了主管的称赞。“叠四件套技能大赛”让大家过了把瘾，赢得冠军的同学纷纷体会到了团队协作精神的重要。

每个同学都参加了喜欢的实践活动，人人都获得了切身的体验，所以，写起活动感受洋洋洒洒，《小小设计师》《我来学包装》《我当推销员》等一篇篇佳作应运而生。通过实践活动，学生丰富了知识，口语交际能力、习作能力、搜集处理信息能力等都得到了提高。家长们还反映，学生在家能感受到父母经营绣品的不易，懂得体贴父母了。

5. 赞美家乡——诵读童谣

绣乡孩子创作和收录的上百首童谣，都是用清明澄澈的文字和朴拙清新的插图勾勒出具有绣乡韵味的多彩世界。

每天清晨，一听到绣乡的孩子们习诵韵味十足的绣品童谣，就会感觉到绣乡童谣与孩子的生活交融相汇，沉浸其中，玩味其间，感受到孩子的灵魂、精神因童谣而获得充分的舒展。与黎明共舞的晨诵生活，已逐步丰富绣乡孩子当下的生命——

“瞧，那五彩缤纷的布料丰富着绣乡人的生活。”我出示了一张张色彩斑斓的布料图片，孩子们都按捺不住，纷纷介绍起布料名称、特征，绣乡的孩子就是不一样，对于家乡的特产真是了如指掌。接着又出示了一首首关于绣品布料的童谣，孩子们饶有兴致地诵读起来：

小 破 布

小破布，小破布
全身上下全是布。
烂烂的，破破的，
摇身一变成贵妇。
晃晃波斯边，
摇摇水晶边，
一年两年三四年，
小布变成大床铺，
美得人儿笑破肚。

一首充满童趣的《小破布》，配上一幅幅精美的布贴画作品，引来了孩子们一阵阵笑声和啧啧的赞叹。这时我又趁机出示了两首：

谁 更 美

小孔雀，真神气，
展开绚丽彩虹屏。
东摇摇，西晃晃，
看我美丽不美丽?
小孔雀，别傲气，
绣乡云锦更靓丽。
左瞧瞧，右看看，
一比把你比下去!

绣品真奇妙

绣品美，绣品靓，
琳琅满目真奇妙。
布上蹲只老黄牛，
常年不吃也不叫。
默默听着小河流，
呆呆盯着岸边草。
孩子看了笑呵呵，

奶奶见了直叫好。

我笑着问孩子们：“在你眼中什么最美呀?”孩子们纷纷答道：“绣品的图案最美，连小孔雀都比不过。”“布上黄牛都成真的了，太妙了，太美了!”瞧，一双双小眼睛里闪动着无限的自豪。

“孩子们，这么精美的绣品图案可少不了绣花女的功劳!”于是我又出示了一首绣花童谣：

我是小小绣花女

缝纫机，绣花针，
七彩线，五彩布，
咔嚓嚓，咔嚓嚓，
绣朵牡丹香满屋，
绣只仙鹤展翅飞，
绣对鸳鸯能戏水，
绣个双喜喜临门，
我是小小绣花女，
心灵手巧人人夸。

诵着诵着，孩子们都跃跃欲试了，也想来当回“绣花工”，绣出心中最美的图画。这不正是一个很好的创作机会吗?“孩子们，那赶紧拿出手中的笔，写出属于自己的绣花谣。”一首首绣花童谣在孩子们的笔下诞生了：

心灵手巧的姥姥

我家姥姥手很巧，
绣只公鸡能打鸣，
绣条鱼儿吐泡泡，
绣只小猫喵喵叫，
绣只喜鹊登枝瞧，
瞧我绣乡四季俏。

好兄弟

小剪刀，真神奇，
索索索索裁布匹。
小银针，真灵巧，
嗒嗒嗒嗒绣花布。
你俩真是好兄弟，

你裁我绣好默契。
绣乡人民好欢喜，
勤劳能干创美丽。

我有一双小小手

我有一双小小手，
一只左来一只右。
小小手，小小手，
一共十个手指头。
我有一双小小手，
能穿针来能引线，
会绣花，会缝纫，
绣乡孩子真能干。

童谣还勾勒出“老三星人、新三星人”心头那份“绣品城，我的家，丝丝线线连你我他”的情愫。他们都在这片热土上追逐着各自美丽的梦想，共建我们美好的绣乡。一首首赞美绣乡的童谣被孩子们熟读成诵：

赞绣品　夸三星

先进的机器隆隆响，
绣花的姑娘日夜忙，
送货的汽车跑得欢。
能干！
设计师们忙不停，
花色多来品种新，
琳琅满目吸引您。
漂亮！
高楼大厦拔地起，
车水马龙人拥挤，
一片繁华让人迷。
富裕！
四川灾情多危难，
家家户户来支援，
献出爱心多捐款。
善良！

能干的新农民，漂亮的新产品，
富裕的新三星，善良的老百姓，
还有我们一个个小精灵，
三星定会向前进，向前进！

唱唱园区好风光

一唱园区好风光，家纺三期雄姿展，
万商云集经商忙，一派繁荣新景象。
二唱园区好风光，排排新楼宽又敞，
村美路洁民风淳，农村建设大变样。
三唱园区好风光，各有特点展风姿，
万种风情收眼底，中华之最任游畅。
四唱园区好风光，家纺城里创辉煌，
提档升级变化大，赞美声里喜洋洋。
五唱园区好风光，家纺文化播四方，
九月又办家纺节，叠石桥畔美名扬。
六唱园区好风光，都市乡村一个样，
健身练舞成风景，幸福生活万年长。

朗朗上口的童谣折射出绣乡人无比的勤劳与无限的创造力，这不就是我们绣乡孩子所要学习和传承的吗？同时，颂家乡、爱家乡的情怀也悄悄地注入了孩子们的心灵。

▶ [精彩瞬间]

我是小小模特儿

海门市三星小学　四（5）班　王璞瑄

星期四下午，我们学校进行了“秀”文化展示活动。我参加的节目是时装表演。虽然已经排练过好多次，可我还是有些紧张。吃过午饭，我们早早地化好妆、换好衣服，激动而焦急地盼着、等着。

活动在一片热烈的掌声中开始了。今天的节目好精彩呀，有婉转动听的童谣表演唱、有婀娜多姿的舞蹈……该时装秀上场了，这可是今天最吸引眼球的表演。

第一组大红系列就是我们，老师把我们打扮得漂漂亮亮的。我穿了一件大红的吊带裙，上面绣了很多亮片，就像一颗颗小水晶闪闪发光。我的头上还戴着美丽的皇冠，就像小天使一样可爱。大姐姐们也穿着各具特色的裙子。轮到我表演了，我紧张得直发抖，就像怀里揣了一只小兔子乱蹦乱跳。音乐响起来了，我深吸一口气，大胆地跨出了第一步，勇敢地扭着屁股，面带微笑目视前方，摆出了各种各样的pose。在美轮美奂的灯光下，我们显得格外光鲜亮丽，全场响起了雷鸣般的掌声。

表演结束了，老师向我们竖起了大拇指，我的心里乐开了花，辛苦的排练换来了今天的成功。精彩的节目在一片片欢声笑语中继续着。

“时装秀”展现了大家无穷的智慧，有的利用精美的花边制作成蛋糕裙，有的把印花布制作成富有民族特色的旗袍，有的把闪光的面料设计成晚礼服。有些家长主动担当志愿者，到班级来参与小模特的走台训练排演。一次次的锻炼让我们欣喜地发现：曾经胆怯内向的同学自信了，以前淘气的同学爱上了废物利用、变废为宝的设计，很多同学对绣品增添了一份喜爱，增强了作为一个三星人的自豪感。

▶ [课程反思]

在课程实施的过程中，因为学生的水平难以一致，为了满足不同学生的要求，我们经常根据学习者的具体情况，灵活编排。当然，自己在艺术的范畴中也不是内行，为了让学生更好地学习和发展，几次邀请了专职美术教师为班级学生授课，学生们从理论知识的掌握到实践动手操作都有了长足的进步。

一个课程能实施得更顺利，行走得更久远，拓展得更深刻，我认为除了有足够丰富的课程内容和多姿多彩的实施方式外，恰当的评价激励必不可少。我是一名普通的教师，可能无法用怎样高深完整的理论来解释课程，但我相信，只要从孩子们的生活中寻找资源，开发贴近孩子生活的，符合孩子需要的，适合孩子发展的课程，才能真正让我们的课程有大地的厚实，也有星空的璀璨。同时，我在想今后课程怎么继续往前走。基于我们班级学生来自全国各地这样一个特点，是不是可以开发利用具有浓郁地方文化的布艺制作、历史等，让我们从三星这一小方土地中走出来，在更为广阔的视域，让孩子们得到更多的历练和收获呢？

安排实践活动，是课程的一项重要内容。我努力创设条件，几次通过学校与个人相约晋帛家纺、缔绣家纺负责人，他们的鼎力支持是我们实践活动的又一有力保障，有了这两个校外的参观、实践基地，学生就拥有更为广阔的学习、展示舞台，实现了生活和课堂的融通，使他们能有更多的自信去感受美、创造美，获得成功的喜悦。

(鄂)新登字 02 号

图书在版编目(CIP)数据

好课程是这样炼成的——新教育实验『研发卓越课程』操作手册/新教育研究院编著.
—武汉:湖北教育出版社,2016.9(2021.10 重印)
(新教育文库. 通识书系)
ISBN 978-7-5564-1184-9

Ⅰ.好…
Ⅱ.新…
Ⅲ.中小学-课程建设-手册
Ⅳ.G632.3-62

中国版本图书馆 CIP 数据核字(2016)第 227892 号

好课程是这样炼成的——新教育实验『研发卓越课程』操作手册
HAO KE CHENG SHI ZHE YANG LIAN CHENG DE ——— XIN JIAO YU SHI YAN『YAN FA ZHUO YUE KE CHENG』CAO ZUO SHOU CE

出版人	方 平		
责任编辑	黄烨祁	责任校对	李 镧
封面设计	牛 红 何亦明	责任督印	张遇春

出版发行	长江出版传媒	430070 武汉市雄楚大道 268 号
	湖北教育出版社	430070 武汉市雄楚大道 268 号
经销	新 华 书 店	
网址	http://www.hbedup.com	
印刷	黄冈市新华印刷股份有限公司	
地址	黄冈市宝塔大道 89 号	
开本	710mm×1000mm 1/16	
印张	13.75	
字数	221 千字	
版次	2016 年 9 月第 1 版	
印次	2021 年 10 月第 4 次印刷	
书号	ISBN 978-7-5564-1184-9	
定价	29.00 元